青少年性健康教育知识

洪嘉阳　编著

海豚出版社
DOLPHIN BOOKS
CICG 中国国际传播集团

图书在版编目（CIP）数据

青少年性健康教育知识 / 洪嘉阳编著 . -- 北京：海豚出版社，2022.8（2024.2 重印）
ISBN 978-7-5110-6017-4

Ⅰ．①青… Ⅱ．①洪… Ⅲ．①性教育－青少年读物 Ⅳ．① G479-49

中国版本图书馆 CIP 数据核字（2022）第 105174 号

青少年性健康教育知识

洪嘉阳　编著

出 版 人　王　磊
责任编辑　张　镛
封面设计　何洁薇
责任印制　于浩杰　蔡　丽
法律顾问　中咨律师事务所　殷斌律师
出　　版　海豚出版社
地　　址　北京市西城区百万庄大街 24 号
邮　　编　100037
电　　话　010-68325006（销售）　010-68996147（总编室）
印　　刷　河北鑫玉鸿程印刷有限公司
经　　销　新华书店及网络书店
开　　本　710mm×1000mm　1/16
印　　张　9
字　　数　70 千字
印　　数　5001—8000
版　　次　2022 年 8 月第 1 版　2024 年 2 月第 2 次印刷
标准书号　ISBN 978-7-5110-6017-4
定　　价　39.80 元

序言

PREFACE

性，一个神秘又难以启齿的字眼。

我们为什么会觉得性神秘？又为什么会忍不住对性好奇？

因为性关乎我们生命的正常发展，是不可回避的一个课题。

每个人到了一定年纪就会性成熟，身体和心理都会有巨大的变化，会有性激素激发我们的性冲动，那是生殖繁衍的本能在推动我们走向下一个人生阶段。这是一种正常的规律和反应。但是我们对于这种本应正常的事情，却没有全面正常的了解。

性教育是人们有必要接受的一项教育。我们应该在性意识萌发和性成熟的时候，全面了解性知识。

但是受传统文化和社会环境的影响，父母、老师或其他长辈可能都不会主动为我们上关于性的教育课，尽管他们年少时也曾好奇和疑惑过这个话题。

我们对性的好奇和疑惑是不会自行消失的，因此很多人会通过自己能想到的方式和渠道去尽可能地一探性的究竟。可能是与同龄人交流，也可能是通过网络，去了解性知识甚至亲自行动去感受性。而在这个探寻的过程中，我们很可能因为没有正确的性知识、性观念和性安全意识导致一些问题发生，比如遭到性侵犯、怀孕、感染疾病等，承受无穷无尽的痛苦，为正在灿烂绽放的生命蒙上一层阴影。

也因此，接受正常的、正确的性教育是非常有必要的。

本书正是抱着为青少年普及正确的性知识和性观念的理念编纂而成。本书包括生命的孕育、性别教育、迎接青春期、男女相处、预防性暴力、预防艾滋病等六个部分。

本书从生命的孕育开始讲述，首先让我们清楚地知道自己是如何来到世界上的。然后是对性别的认识，知道男女生理上的区别，以及世界上不只有两性，还有其他性别存在。再进一步开始对自己的身体有全面的认识，尤其是进入青春期身体会悄悄发生哪些变化以及如何应对这些变化。青春期对于异性的好奇与交往应该如何进行，这个问题在第四章我们会了解到。性暴力是什么？如何预防性暴力？这些都是非常重要的关于人身安全的大问题，因此需要好好阅读第五章。艾滋病是一种严重威胁人类健康的传染病，艾滋病与性有什么关系？我们应该如何预防艾滋病？这些问题在第六章中能找到答案。

性教育不仅仅让我们了解自己的性别、生殖器官，还能让我们树立正确的性观念，了解性安全知识，学习两性相处的正确方式方法等。

通过接受正常与正确的性教育，让性知识不再神秘，让我们对“性”话题不再戴有色眼镜，对同性或异性交往有正确的认知，知道如何避免陷入被性侵的危险，面对性侵害如何应对，如何避免感染艾滋病。

人们的疑惑和恐惧大部分来自未知。如果走进未知，打破未知，那么一切都会豁然开朗。愿本书能够成为打开青春期疑惑和迷茫的一把钥匙，破解对生命、对性、对异性交往、对自我保护的一些未知领域，从而让我们坦然面对青春期，让我们不入歧途，少走弯路，不留遗憾，度过人生最美好的阶段，为自己的人生留下最美好的回忆。

目录

CONTENTS

第一章

生命的孕育：我们是怎么诞生的

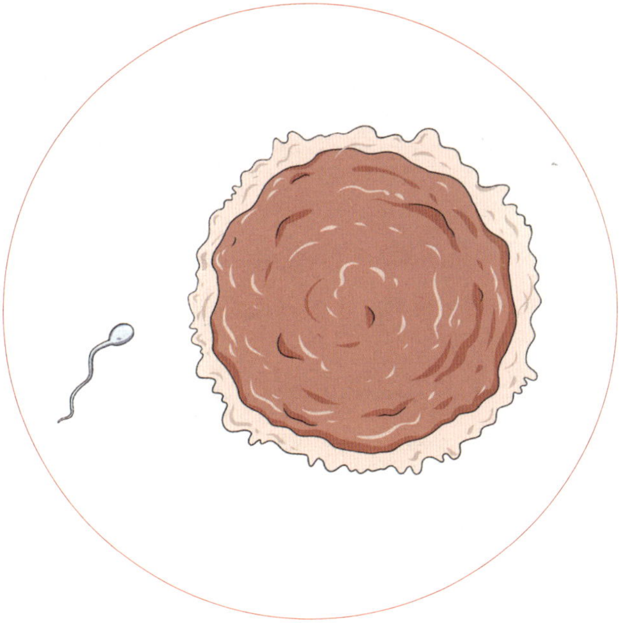

第一节 我们是从哪里来的

我们每个人都肯定有过这样的疑问：我是怎么来的？

对于这个稍显尴尬和神秘的问题，我们或许开口问过家长，或许自己曾经尝试找过答案，但是对于“人究竟是从哪里来的”这个具体的问题，似乎还是没有准确的答案。不如，我们从物种进化的历史中去寻找一下答案吧。

物种，指一个种群，其所有成员在形态上极为相似，它们中的各个成员间可以正常交配并繁育出有生殖能力的后代。人是生物界的一个物种。

地球上的物种数量十分庞大，据估计超过一万亿种。如此多的物种是从哪里来的？

这就要说到物种的进化了。

据推测，在大约38亿年前，在地球上的海洋中出现了一些有机小分子。这是地球上最早的生命迹象，后来地球上的一切生命都由此进化而来。

物种的进化是非常漫长的过程，大约在 22 亿年前，才出现真核单细胞生物，比如一些真菌。

真核单细胞生物开始朝着不同方向进化，出现了真菌界、植物界和动物界。植物界从藻类再进化到蕨类植物、裸子植物，最后出现被子植物。动物界从原始的鞭毛虫到多细胞动物，再到脊索动物、脊椎动物。脊椎动物中的鱼类又演化出了两栖类、爬行类，从中分化出鸟类和哺乳类。而哺乳类中的一支又逐步进化发展，最终成为一种高等智慧生物——人。

可以说，地球上所有的物种都起源于同一个祖先，人也起源于小小的单细胞生物。

那么，是什么让物种能不断进化与延续呢？答案是繁殖能力。

繁殖，是生物产生新个体的过程，是所有生命都有的基本现象之一。每个现存的个体都是上一代繁殖得来的结果。

物种的繁殖方式可分为两大类：有性繁殖和无性繁殖。

无性繁殖不涉及生殖细胞，不需要经过受精过程，是由母体的一部分直接形成新个体的繁殖方式。例如细菌通过细胞分裂的方式进行无性繁殖。

有性繁殖指由雌雄两性生殖细胞结合成受精卵而发育成新个体的生殖方式。有性繁殖涉及两个属于不同性别的个体。例如，我们常见的各种动物，如鸡、牛、猫、狗等，都分雌雄，繁殖方式为有性繁殖，即由雌雄两性结合，才能产生下一代。

人类的繁殖也是有性繁殖。人是雌雄异体的动物，即分为男性和女性，每一个人都是由自己的上一代，即自己的父亲和母亲结合而产生的。

植物有授粉期，动物有动情期。这期间，植物通过授粉，雄花的花粉传到雌蕊的柱头上，授完粉的雌蕊会逐渐膨大生长，直至长成成熟的果实，比如苹果树从开花到长成苹果。动物在动情期，雄性和雌性会进行交配，雄性的精子和雌性的卵子结合，形成受精卵。受精卵在雌性的子宫内逐渐发育，最终成熟，然后通过分娩降生。比如鸟下蛋、猪生崽等。

人的繁殖方式从原理上看，和果树结果、动物下崽没什么不同。人类的繁衍方式是男性和女性结合，男性产生的精子和女性体内的卵细胞结合，形成受精卵。这时候，女性就是怀孕了。

怀孕后，受精卵继续在女性的子宫中发育，形成胚胎。

经过在母亲体内约40周的孕育，一个胎儿发育完成，最后通过生产降生到这个世界上，从此，人这个物种，又多了一名成员。

人类只是地球上众多生物中的一种，是大自然进化出的不计其数的物种之一。人类和地球上的其他物种一样，一直延续着各自物种的繁殖方式，这就是人类生生不息、世代繁衍的秘密。

第二节 精子和卵子

我们在上一节讲到了人类是从哪里来的，以及人类的繁殖方式，接下来我们再深入地了解一下能够使众多物种延续下去的两个主要生殖细胞——精子和卵子的知识。

生殖细胞，是多细胞生物（由多个分化的细胞组成的生物体，包括所有的植物和绝大多数的动物，当然也包括人类）体内能繁殖后代的细胞的总称。

生物体内的生殖细胞，其作用就是延续和繁衍后代。

在动物的有性生殖中，雄性的生殖细胞被称为“精子”，雌性的生殖细胞被称为“卵子”。

人类的生殖细胞也同样被称为“精子”和“卵子”，男性产生的生殖细胞叫作“精子”，女性产生的生殖细胞叫作“卵子”。下面就来了解一下这两种包含着人类繁衍秘密的细胞吧。

一、精子

我们先来说下精子。精子长什么样子呢？

不同物种的精子形状也不同，以哺乳类为例，精子的结构可以分为头部、颈部、尾部三部分，有典型和非典型之分。人类的精子是典型的精子形状，即蝌蚪状：头部呈近圆形，颈部很短，后面连接细长的尾部。

那么精子是如何产生的呢？

人类中的男性是产生精子的主体，由生殖器官睾丸产生。

大致产生过程是：睾丸中的精原细胞增大成初级精母细胞，初级精母细胞的细胞核合成 DNA（脱氧核糖核酸，携带着遗传信息），成熟后的初级精母细胞分裂成次级精母细胞，次级精母细胞分裂成精细胞，精细胞变形形成精子。

我们平时是看不到精子的。这是为什么呢？

首先，精子平时都是隐藏在体内的。

这里我们需要先了解一下精液。精液是一种黏稠的液体，由精子和精浆组成，其中 90% 以上都是精浆。精子由睾丸产生，在附睾内成熟，通过输精管输出。精浆主要是前列腺等腺体分泌的混合液，成分主要是水、果糖、蛋白质等，能为精子提供营养。正常情况下，精子和精浆会在各自的位置，没有关联。在排精的时候，精子和精浆混合成精液排出。

其次，精子非常小，在1毫升的精液中就有上亿个精子，肉眼无法辨别。

二、卵子

我们再来说卵子。卵子是雌性生物的生殖细胞。

人类的卵子由女性的卵巢产生。顾名思义，卵巢是“卵子的巢穴”的意思，属于女性生殖器官的一部分，位于女性盆腔内，一共有两个。卵巢外观呈扁圆形，主要功能就是产生和排出卵细胞。

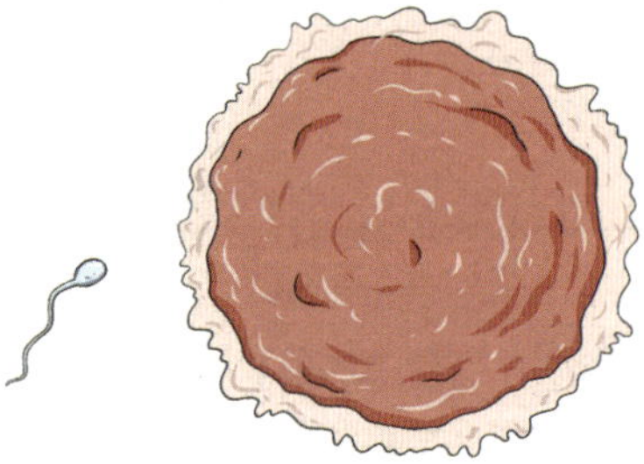

▲ 精子与卵子

卵子是人体内最大的细胞，外观呈球形，直径约1毫米。卵子的外面包裹着一层透明的带状物，名叫糖蛋白。这种物质既可以对卵子内部的细胞核和细胞质起到保护作用，同时还能限制精子进入（这个我们后面会讲到）。

那么，卵子是如何形成的呢？

卵子的巢穴——卵巢，在女孩还在妈妈肚子里的时候就形成了。女孩出生的时候，卵巢中就有了数百万个卵母细胞。不过这些卵母细胞不是卵子，也不再生长发育，直到女孩逐渐长大，到性成熟时，卵母细胞受到性激素的刺激才会苏醒，这时候卵母细胞也就只剩下10多万个了。

在女性的性成熟期，每个月相应地会有1个或者2个（极少数情况）卵母细胞继续发育，卵母细胞成熟后便是卵子了。卵子从卵巢排出到输卵管，在这里等待与精子的相遇。卵子的存活时间只有48小时，在这期间如果没有与精子相遇结合，过了时间便会自然死亡。下一个月卵巢会再进行排卵。

精子是携带遗传基因的父细胞，卵子是产生新生命的母细胞，精子和卵子结合形成受精卵，新的生命便从受精卵开始发育、成长、降生。新生命再长大，成熟，又会进行下一轮的繁衍，如此生生不息，循环往复。人类从出生到成熟，身体的机制、细胞的发育都是为下一次的繁衍做准备，肩负着创造下一代的生命重任。

第三节 生命的孕育

精子和卵子相遇、结合，形成受精卵，新生命便从此诞生。但是精子和卵子都是隐藏在人体内部的细胞，它们如何相遇呢？

我们知道精子是由男性的生殖器官睾丸产生的，平时精子就贮存在附睾中；卵子由女性的卵巢排出，排出后只在输卵管中存活 48 小时。要想产生新的生命，就需要让男性的精子和女性的卵子结合，形成受精卵。

这是如何做到的呢？

这里我们需要提到一个概念，就是性行为。

性行为广义上指的是雌雄异体的动物之间的生殖器交配行为。通过性行为，雄性和雌性之间达到受精和繁衍下一代的目的。

就人类社会来讲，性行为指的是同性或者异性之间为满足性欲、获得快感或繁衍下一代的目的而进行的动作和行为。

通过性交，男性的精子进入女性阴道，最终到达输卵管。这时精子已经从最初的上亿个，变成几十个。如果这里恰好有排出的卵子，那么精子就会游向卵子，并努力穿过卵子外面的透明带状物，最终可能只有一个精子穿过。精子的细胞膜和卵子的细胞膜融合，这时就形成了受精卵。卵子外面那层透明带状物就是为了限制过多精子进入而进化出的结构。

受精卵会在受精成功后分裂发育成桑葚胚，从输卵管进入子宫，在这里开始一个生命的孕育。一个生命从孕育到出生大约需要 10 个月。

第 1 个月，胚胎大约长为 1 厘米，如一个蝌蚪大小。胎儿视网膜初步形成，心脏开始有规律地跳动。

第 2 个月，胚胎可长到 2~3 厘米，胎儿听觉开始形成，手脚及面部显露雏形。

第 3 个月，胎儿可长到 4~6 厘米，胎儿的触觉、味觉开始形成。

第 4 个月，胎儿可长到 12 厘米，胎儿眼睛突出，手指上出现指纹。

第 5 个月，胎儿可长到 18 厘米，体重约 300 克，开始呼吸，长出手脚的指甲，各种感觉器官迅速发展。

第6个月，胎儿可长到30厘米，体重约600克。

第7个月，胎儿身长约38厘米，体重约900克，已经可以看到明显的男孩或女孩的特征。

第8个月，胎儿身长约45厘米，体重约2000克。此时头部继续增大，大脑发育迅速，呼吸系统和消化系统发育接近成熟。

第9个月，胎儿身长约50厘米，体重约2500克。

第10个月，胎儿身长50~53厘米，体重3200~3400克，各器官发育成熟，为降生做好准备。

经由这个过程，新生命来到这个世界。

当然，在这里必须要申明的是，拥有婚姻关系的两人，可以通过性行为满足性需要以及达到繁衍后代的目的，这是一件快乐且神圣的事情。

对于青少年来讲，不要因为好奇而去尝试，因为这时候生理和心理都未发育成熟，未达到法定的婚育年龄，也无法承受由此可能产生的意外后果（比如怀孕、性病等）。所以，还是等到了适宜婚育的年龄，找到了能够牵手共度一生的人时，再一起去探寻。

第二章

性别教育：男孩和女孩为什么不一样

第一节 男孩和女孩的身体

如何区分男性和女性？有的人可能直接说，看一眼就能区分啊。比如看穿衣打扮、头发长短、行为举止等，通常看外表就能判断男女。但是，相较于人为的装束，性别特征才是区分男性与女性的标准。

通常，先天的性别特征被称作“第一性征”，指的是男女生殖器官外形与构造特征方面的差异。

那么什么是生殖器官呢？

生殖器官是生物产生生殖细胞用来繁殖后代的器官。植物的生殖器官是花，雄蕊和雌蕊相当于两种性别器官。动物的生殖器官相对来说比较复杂，一般雄性高等动物的生殖器官包括精囊、输精管、睾丸、阴茎等。人类的生殖器官也是如此。

一、男性生殖器官

男性生殖器官可以分为内生殖器和外生殖器两类：内生殖器包括生殖腺体、排精管道以及附属腺体；外生殖器包括阴茎和阴囊。

具备男性内外生殖器，也就是具备男性第一性征的人，我们定义为生理上的男性。所以判断是不是生理上的男性，并不是依据表面看到的是不是短发、穿着男士衣服、举止豪放等，而是要看第一性征。

第一性征在胎儿还未出生时就已具备，准确地说，胚胎在母亲的子宫内发育到第五周的时候就开始出现。一般来讲，内生殖器从表面是看不到的，所以外生殖器就是我们用来区分性别的主要依据。

二、女性生殖器官

与男性一样，女性的生殖器官也有内外之分。

女性的外生殖器又叫外阴，指女性生殖器官的外露部分。

内生殖器，指女性生殖器官的内藏部分，包括阴道、子宫、输卵管和卵巢。

内生殖器官是在身体内部的，无法直接看到。刚出生的小宝宝，护士如果看到有女性的外生殖器，就能断定是女孩。

因此，女性与男性一样，被判断为女性的主要依据也是外生殖器的特征。

有人可能会觉得女性还有一个明显特征和男性不一样——胸部。

的确，女性的胸部一般都是隆起的，与男性很不一样。胸部的发育，一般来说是女性独有的一项特征。但是胸部并不属于第一性征，人刚出生的时候，男女胸部都是一样的。而且区分性别的标准是看人的第一性征，也就是看性器官，所以胸部不在这个标准之内。

但是女性的隐私部位确实是包含胸部的。对女孩来讲，要特别注重保护自己的隐私，包括外生殖器部位、胸部、臀部等。我们可以简单理解为被泳衣或者内衣裤遮盖的部位都是女性的隐私部位，是需要好好保护的，不允许除了妈妈和专业医生以外的任何人触碰。

假如有人违背你的意愿触碰你的隐私部位，那就是性骚扰。遇到这种事，一定要及时告诉自己的家长。

第二节　是什么决定了我们的生理性别

我们在上一节了解了男性和女性的生理特征，也知道了生殖器官是区分性别的主要标志。这一节我们来了解是什么决定人有不同的生殖器官，也就是什么决定了人的生理性别。

人类的生理性别是由染色体决定的。

染色体存在于人体细胞核内，因为容易被碱性染料染成深色，所以命名为“染色体”。

染色体是人体 DNA 的载体，是 DNA 深度压缩的聚合体，好比装着 DNA 的容器。

为什么是深度压缩的呢？因为 DNA 有 2 米长，想要放进只有微米级大小的细胞核内，就需要被高度压缩，因此形成了独特的双螺旋结构。

人类的体细胞内含有 46 条（23 对）染色体，其中 44 条（22 对）为常染色体，我们先不细说，重点来看最后一对染色体。这对染色体被称为“性染色体”，在性发育中起决定性作用，也就是决定人类性别的染色体。

性染色体分为“X”和“Y”两种。决定性别的就是这两条染色体。

就第23对染色体来说，如果细胞中含一条X染色体，另一条是Y染色体，其性染色体组合为XY，那么就是男性；而如果两条性染色体都是X，其性染色体组合为XX，那么就是女性。

生理性别早在生命之初就决定了。

男性的精子分为两种，分别是含有X染色体的X型精子和含有Y染色体的Y型精子，两种精子的数目均等；而女性只能形成含有X染色体的卵子。

受精时，如果X型精子与卵子结合，形成性染色体组合为XX的受精卵，将来就会发育成女性；而Y型精子与卵子结合则形成性染色体组合为XY的受精卵，将来就会发育成男性。

所以，人类的生理性别是由精子决定的，是由精子所携带的那条染色体所决定的。

在自然状态下，不同的精子与卵子的结合是随机的，因此人类的男女性别比例大致保持1 ∶ 1。

因此，每一个男孩，都是由父亲的一个含有 Y 染色体的精子经历千辛万苦与母亲的卵子相遇、结合，形成带有 XY 染色体的受精卵，然后受精卵在母亲的子宫内第五周的时候开始发育第一性征，经历母亲的十月怀胎生出来的。这个男孩的细胞中带有的来自父母的遗传物质，都保存在每个细胞的 23 对染色体中，等待着下一次的生命传承。

我们知道了男性和女性的生殖器官的不同，也知道了生殖器官是性别的主要标志，但有时候生殖器官也不能百分之百地区分男性和女性。这是为什么呢？

我们已经知道女孩之所以是女孩，拥有女性的特征，是因为第 23 对染色体为 XX，而男孩拥有男性的特征则是因为 XY 染色体组。

这是通常的情况，事实上，染色体还存在其他异常的情况。

新闻中曾有这样一个报道：一位“女士”因为受伤住院检查，结果却被医生发现是男性。这是怎么回事呢？

原来这位“女士”不仅具有女性的第二性征，还有外阴，一直以女性身份生活。但是住院检查结果显示其性染色体组为 XY，代表女性的内阴也发育不全。因此，这位“女士”虽然外表看起来与女性无异，但却不能称为女性，也不具有女性生育能力。导致这一现象出现的原因是 Y 染色体上的 SRY 基因发生漂移，男性特征无法正常发育。

还有一种 XX 男，外表是男性，但是产生的精液中没有精子，也就是没有生育能力。另外还有 XXX、XXY 等多一条染色体的情况出现。

这些都属于染色体异常，通常会出现没有生育能力，无法繁衍下一代的后果。

我们讲这些并不是为了让大家有猎奇的心理，而是要让大家了解，这世界上除了男性与女性，还有多种不同的情况存在。这些人与我们没有本质区别，仅仅是最后一对染色体有一点点异常，生殖系统构造与我们大多数人不同。

同时我们应该感恩，生命的产生是多么神奇又精密的过程。我们是父亲体内最优秀的精子，遇到母亲最优秀的卵子，成为受精卵，然后在母亲子宫中健康发育了九个多月，顺利出生长大到现在的。所以，感恩生命的伟大与造化的神奇吧！

第三节　男孩成熟的标志

我们已经知道了男性和女性的生理性别标志是什么，第一性征是什么。但是日常生活中我们并不是通过第一性征来判断男女的。为什么我们一眼就能看出男女的区别呢？我们接下来就去了解一下原因。

第二性征，又叫作“副性征”，是相对于第一性征来说的，指的是男女两性生殖器官以外的外貌特征，主要体现在身高、体形体态、相貌、嗓音等方面。

对男性来讲，第二性征的主要标志为体形较女性高大，肌肉发达，喉结突出，声音浑厚，体表长出浓密的汗毛，长胡须、阴毛，等等。

第二性征的出现与性激素密切相关。性激素是人体产生的一种激素，具有使性器官成熟、副性征发育和维持性功能等作用。

男性和女性产生的是不同的性激素，对男性而言，主要的性激素是由睾丸分泌的睾酮，被称为“雄性激素”。

第一性征从出生就有，那第二性征什么时候出现呢？

男性在12岁左右，受到雄性激素和生长激素的影响和刺激，睾丸和阴囊开始变大，阴毛开始生长，喉结开始增大，嗓音变得低沉浑厚。在之后两三年，胡须、胸毛、腋毛也逐渐开始生长。

到了13~14岁的时候，男性具有了射精的能力。

在15岁左右，开始有成熟的精子，这代表男性具有了生育能力。这时候可以说男性的身体初步开始成熟。

这一时期，男孩普遍身高快速增长，肌肉力量变强，嗓音变得粗壮，具有了明显的男性特征，给人一种“男子汉”的感觉。这都是性激素刺激下带来的第二性征的出现。第二性征的许多特点都会体现在外表，使男性拥有独特的身材、外观等，这也就是我们为什么不用看第一性征，通常一眼就能辨别出男女性别。

当然，这些都是统计学意义上的性成熟，具体到每一个人身上，并不一定都会符合，不要因为哪一条没有符合，就觉得自己是异类。有的人不长体毛，有的人嗓音没变化，都是很常见的。

那么性成熟就代表发育成熟了吗？这里我们不能只看生理上的成熟，更应该关注心理上的成熟。

身体上的成熟是自然规律的结果，到相应的年纪自然而然就会发生。但是心理的成熟却需要我们通过不断学习性知识、性观念来培养。仅有身体上的性成熟，内心却对自己和异性的身体一无所知，对性观念和性知识一无所知，只能说是成熟身体里住着一个幼稚的灵魂。

只有了解自己身体的变化，知道这种变化是怎么来的以及什么时候会发生这样的变化，才会以更加平和、稳定的心态去面对。

第四节 女孩成熟的标志

与男性到了一定年龄就会发育成熟一样，女性也有自己的成熟过程。我们接下来看看女孩的身体发育过程。

我们仍旧以第二性征的特征为依据来说说女孩的身体发育。

女性的第二性征一般有如下标志：体形通常较男性矮小、身材苗条、皮下脂肪多、汗毛细小、乳房发育、月经初潮、阴毛生长、喉结不突出、不长胡须、嗓音细亮等。

与男性相比，女性无论是身材还是外貌都呈现出明显的区别。

这里可能会有细心的人发觉，男性和女性的第二性征有相同之处，比如，男性和女性都会长腋毛和阴毛。

这就又要说到性激素的作用了。

女性第二性征的出现同样是因为身体分泌的性

激素。

女性的性激素是由卵巢合成、分泌的，称作“雌性激素”。雌性激素会促进女性性器官成熟以及第二性征出现，并维持正常的生殖功能。

雌性激素分为两类，即雌激素和孕激素。

雌激素可以促进女性生殖器官阴道、子宫、输卵管和卵巢的发育；还可以促进皮肤的新陈代谢，使皮肤保持水分，变得细致光滑；同时还会使乳腺发育，使乳房变大，并将脂肪集中在大腿、乳房、臀部，使女性产生美妙的曲线。

除此之外，雌激素还对女性的神经系统、心血管系统等起到重要作用，是女性身体正常运转的重要激素。

孕激素是由卵巢分泌的，在女性排卵期时分泌开始增加。如果排出的卵子没有与精子相遇，也就是没有怀孕，那么孕激素又会恢复到之前的水平；如果怀孕，孕激素则会继续大量分泌。

女孩的性发育过程一般从 9 岁开始，包括生殖器官的形态发育、功能发育和第二性征发育，大体分为 6 个阶段。

9~10 岁，性发育启动，骨盆开始增宽，胸部一侧或双侧的乳头像芽孢一样慢慢凸起。

10~11 岁，乳房逐渐隆起如小丘，仔细触摸有稍硬的块状物，乳腺开始发育。

11~12 岁，阴部萌出少量短而细的绒毛，但不是真正的阴毛。

12~13 岁，乳房快速增大，常有微微的疼痛感，属于正常现象，不必紧张，待乳腺发育成熟，疼痛感就会消失。

13~14 岁，大多数女孩第一次月经来潮。月经初潮是青春期的重要标志之一。之后两年左右，卵巢开始排卵，这代表女性身体初步成熟。同时，双侧腋下长出腋毛。

14~15 岁，骨盆进一步明显增宽，月经周期初步建立。在大原则下有不少差别，有的早些，有的晚些，医学上称为“个体差异”，原因在于发育类型不同，一般分为三种：早熟型、晚熟型和均衡型。其中我们需要关注的主要是早熟型。

性器官发育的同时，女孩在外表上看去也有很大变化，皮肤变得细腻，身体出现曲线，更具有女性特征。

但是我们应该注意的是性器官的发育有自己的规律。

性早熟指的是女童在 8 岁前开始呈现第二性征，比如身高增长迅速、乳房开始发育等。

性早熟对于正在儿童期的孩子身心都有不同程度的危害。首先是身体上的变化，性早熟是因为性激素的过早分泌，导致骨龄增长加快，骨骺提前闭合，生长期提前停止，影响身高。其次，和同龄女孩之间的身体差异也容易造成心理上的自卑，导致心理疾病等。

导致性早熟的因素很多，有研究表明，肥胖、睡眠不足、外部雌激素摄入以及过早接触情感类影视等，会导致女童性发育年龄提前。

当然，性早熟问题也会发生在男孩身上，只是以女孩较为多见。

因此，为了我们身体的正常、健康发育，要保持早睡早起、饮食合理规律、多运动的良好生活习惯，同时不食用或使用含有性激素的食物或化妆品，为我们的身体创造一个良好的生长发育环境。

第五节 反对性别歧视，追求男女平等

性别歧视，指的是在性别上存在的偏见。既包括男性对女性的歧视，也包括女性对男性的歧视，还有对跨性别者的歧视，等等。我们应明确反对这些歧视。

许多人觉得自己并没有性别歧视的观念，那我们接下来就了解一下生活中无处不在的性别歧视，看看你是否说过或听到过这样的言论。

一、无处不在的性别歧视

许多人听到“女博士”“女司机”都会会心一笑，这笑的背后是什么？是带着猎奇与揶揄的心态，对女性能力与职位的调侃，是潜意识对女性能力的不信任。称呼男性只用“博士”“司机”，到了女性这里就要没必要、特意地注明性别，这就是一种性别歧视。

不仅生活中、学习中存在对女性的歧视，工作中也同样常见。接近婚育年龄的女性找工作困难，有些行业甚至直接在招聘需求中写明“限男性”或者“男性优先”。

受到性别歧视的不仅有女士，男性同样也会受到歧视。

在成长过程中，男孩被教导更多的是要坚强、勇敢、“爷们儿”，而且通常比女孩更容易受到体罚，这也都是性别歧视的表现。

▲ 职场招聘中女性易遭受性别歧视

由于社会进步，现在很多时候，性别歧视并不会堂而皇之地出现，有些甚至隐藏在一些“关心”的话语中。

“你怎么连个女生都不如？”

“一个女孩子，干吗走路风风火火？”

“你一个女生怎么能玩男生才玩的玩具呢？”

“你一个女人，有老公养着，自己不用努力工作吧？”

我们需要警惕这些“善意”的性别歧视，因为善意的歧视也是歧视。这种歧视深植在我们的潜意识中，不容易被发觉，因而会在不知不觉中就脱口而出，歧视了他人或被歧视了也不自知。

歧视不仅存在于异性之间，同性之间也存在歧视，比如女性对女性的歧视。

女性之间聊天可能会说：“我跟你说啊，那个谁谁谁，结了婚也不管老公和孩子，天天忙事业，还总出差，天南地北地跑，跟个‘男人婆’一样。”

妈妈对女儿说：“闺女啊，你结婚以后只要孝敬公婆，照顾好家庭，让老公在外面安心挣钱。”

还有一些性别歧视，是基于对性别的刻板认知。

“小女孩就应该穿漂亮的公主裙嘛！”

“一个男生竟然去当护士，呵呵。”

“你怎么跟个女生一样爱吃零食？”

二、对性别歧视说“不”

性别，只是一个为了区分差异而产生的中性词语，既无褒义也无贬义，而我们却人为地为性别赋予了太多含义。

无论是男性、女性还是跨性别者，都难免受到性别歧视的伤害，因此我们是时候改变一下固有的观念，对性别歧视说“不”了。

第一，我们都是一个“人”，我们拥有平等的权利和义务。男人、女人、跨性别者只是性别不同，没有男人就应该怎么样、女人就应该怎么样的规定。

第二，歧视和礼貌是两回事。如果一位女士穿着裙子、高跟鞋下台阶，男士伸手扶一下，或为其打开车门，这都是礼貌的表现；如果一位男士抱着一堆资料，一位女士帮他打开门，这也是礼貌的表现。

第三，不要将性别和喜好加以捆绑。女孩可以喜欢汽车，男孩也可以喜欢粉色；女孩可以健身，锻炼肌肉，男孩也可以学习刺绣编织，心灵手巧。

1995 年第四届世界妇女大会在北京召开后，我国就将性别平等写入多种法律法规，包括《中华人民共和国宪法》(2018 年修正)、《中华人民共和国民法典》(2020

年）、《中华人民共和国全国人民代表大会和地方各级人民代表大会选举法》（2020 年修正）、《中华人民共和国妇女权益保障法》（2018 年修正）等，这些法律法规都明确认可了性别平等，禁止性别歧视。

因此，反对性别歧视，追求性别平等，不是一件可有可无的事，而是法律规定的我们每个人享有的权利和应尽的义务。

第三章

迎接青春期：我们的身体开始发育了

第一节 我们开始进入青春期

我们已经知道，我们身体出现第二性征，代表着生殖器官逐渐发育并走向成熟，这一发育时期有一个特定的称谓——青春期。下面我们就走进青春期，了解青春期的一些小秘密吧。

青春期，指的是从男孩儿遗精、女孩儿月经初潮至生殖器官逐渐发育成熟的时期。世界卫生组织（WHO）规定青春期为10~19岁，但是也存在比较大的个体差异，有的开始得早，有的开始得晚，相差2~5岁，都是正常的。

青春期是个人身心变化最为迅速而明显的时期。

男性大约从12岁开始，身体会逐渐发生变化，出现阴毛，肌肉发达，长体毛和胡须，出现喉结，声音变低沉。

女性身体的发育会比男性早 1~2 年，雌激素刺激卵巢发育，出现阴毛、腋毛，乳房隆起，出现月经初潮，皮肤细嫩，嗓音细高。

身体出现的一系列巨变，会令很多人不知所措，甚至会令一些人很困扰。

比如一些人会变得“油腻”，脸上、身上会出现一些“痘痘”，密集红肿，十分恼人。

这其实是痤疮。

痤疮俗称“青春痘”，一般多见于青少年。出现痤疮，是因为进入青春期后雄性激素的水平迅速升高，促进皮脂腺发育并产生大量皮脂。大量的油脂不能及时排出而堵塞毛孔，痤疮丙酸杆菌就会趁机大量增殖，进而破坏皮肤的表皮细胞，引起炎症反应。

痤疮虽然危害不大，但是妨碍美观，对心理的伤害性很大，很多人会想尽办法来对付痤疮。比如用清洁力很强的皂基洗面奶或香皂洗脸，用磨砂膏或质地粗糙的洗脸巾搓脸，用吸油纸吸除脸上的油脂等。还有的直接简单粗暴地上手去挤。

其实这些都是错误的方法，会使皮肤的皮脂膜受到损害。皮肤屏障破损，会加重痤疮的症状。

正确的方法是去正规医院检查，确定痤疮的类型及情况轻重，再对症治疗。日常护理可以使用温和的氨基酸洗面奶，切忌使用含有糖皮质激素的药膏。

应对痤疮更重要的是预防。比如饮食上，注意少吃辛辣（如辣椒、花椒、葱蒜等）、油腻、甜食等，多吃蔬菜、水果及含有丰富维生素的食物。生活习惯上，不抽烟，不喝酒，不喝浓茶，作息规律。

心情上保持放松，不要因为患了痤疮就悲观自卑。也不要觉得每个人都会嘲笑你，除了你自己，没人那么在乎。

还有，男孩子会经历阴茎勃起、遗精，女孩子会经历乳房发育和月经初潮等“小烦恼”。除了生理上的变化，男孩女孩的心理上也会经历高低起伏。

这一时期的孩子一边憧憬着成熟，一边留恋着童年，一边认识更广阔的世界，一边审视不断变化的自己。

这一时期，他们看起来对外表、物质有所重视和追求，其实是暗地里悄悄和同学比较，想要突出个性；也不再没心没肺地和小伙伴疯玩打闹，反而觉得眼睛怎么也控制不住地总瞟向那个优秀的“班花”或“校草”。

这是他们寻找自我和心理成长的正常阶段，也是必经阶段。经历了探索阶段，他们的内心会逐渐成熟，知道自己是一个什么样的人，为以后寻找终身伴侣以及追求喜爱的事业而做准备。

当然，除了“烦恼”，还会有许多新的体验。比如有的男孩子会发现自己身高一下子“蹿”了起来，投篮轻而易举，力气也变大了，可以有力量帮助更多的人；有的女孩子会变得充满女性魅力，心思细腻，情感丰富，对艺术和情感具有超强感知力。

青春期心智逐渐成熟，会结交志同道合的朋友，会对人和事有自己的看法。这时候还是人的体能、智力的高峰，具有勇于开拓的精神，未来也有无限的可能。

青春期的到来，意味着我们告别了无忧无虑的童年期，无论身体还是心理都将迎来重大的转变。这一时期既有恼人的小麻烦，同时又会有许多新奇的体验。这是人成长成熟的必经过程，是自然规律，不必慌张和恐惧。人一生只有一次青春期，让我们好好迎接这独一无二的时期，尽情感受成长的酸甜苦辣吧。

▲ 青春期痤疮

第二节 女生的月经初潮

月经究竟是怎么回事，女生会在什么时候第一次来月经？

一、女性的生理现象——月经

月经，是自然界中一种发生在某些具有生育能力的雌性动物或者人类女性身上的正常生理现象。

以人类女性来讲，因为每隔一个月左右，卵巢会有一颗卵子成熟，这时雌性激素会大量分泌。在激素的刺激下，卵子从卵泡中排出。原来包裹卵子的卵泡经过7~8天的时间会逐渐变大、变黄，直至成熟，形成黄体，这时候雌激素和孕激素都大量分泌。

随着卵巢的变化，子宫内膜也会发生变化。雌激素会使子宫内膜增厚，厚度由1毫米增加到6毫米，并发生水肿。内膜细胞增多、增大，腺体产生大量的黏液和糖原（人体重要的能量物质）。

如果此时排出的卵子遇到了精子并受精成功，那么受精卵会经过输卵管进入子宫继续发育，这时候就是怀孕了。

而如果卵子没有受精，那么在排出卵子 14 天左右，黄体会逐渐萎缩，并停止分泌雌激素和孕激素。此时子宫内膜的血管会相应收缩，内膜坏死而脱落，引起出血，血液从子宫流向阴道，再排出体外，这就是月经的由来。

因为女性大约每个月都会经历这样一个过程，因此被称为“月经”。

二、月经初潮和痛经

月经初潮，指的是女性人生中第一次来月经。

月经初潮是青春期必经的一个事件，大约在女孩的胸部开始发育两年以后出现。女孩第一次来月经，是青春期的重要标志之一。

月经初潮代表女性的生殖系统开始工作了。但是因为生殖系统并未完全发育成熟，因此月经初潮后，可能月经周期并不会太规律，有可能一个月一次，也有可能几个月甚至半年一次。大约两年后，女孩的月经就会变得规律起来，变成一个月一次。

女性来月经，每次持续大约 5~7 天，这期间需要在内裤上垫卫生巾或者使用卫生棉条（注：使用卫生棉条不会伤害处女膜），根据经血量多少进行更换，一般大约每 3 个小时更换一次。夜晚时间长，需要换上夜间专用的卫生巾，避免弄脏衣物、被褥。

▲ 女孩子月经期间的痛经现象

痛经是常见的妇科症状之一，指的是女性月经期前后或者月经期间产生的下腹部疼痛、坠胀等现象。痛经的发生与月经时子宫内膜前列腺素含量高有关，前列腺素含量高会引起子宫平滑肌过度收缩、血管痉挛，从而引起痛经。

痛经一般在月经的第一天最为严重，之后会逐渐缓解。痛经时可以通过热敷、喝热饮以及在必要情况下遵医嘱吃止痛药来缓解。

三、月经期间注意事项及心理变化

女孩子在月经期间要注意一些事项，比如经期要注意个人卫生，每天用清洁温暖的流水清洗外阴。因为经血容易滋生细菌，从而引起女性的一些妇科疾病。还要适当增加衣物，注意保暖；避免剧烈运动；不吃生冷食物，不接触冷水等。这些都是为了避免引起子宫平滑肌的过度收缩，从而引起痛经。

因为月经是子宫内膜受到雌性激素的刺激而引起的，所以女孩的月经初潮及月经是否正常和符合规律都与激素分泌有关联。

我们为了使身体发育走向正轨，就要保证激素分泌的正常。这就要求我们日常生活中做到规律的作息、合理的饮食与运动、不从外部摄入雌激素等，以保证身体的健康和激素的正常水平，避免月经初潮早到或迟到等异常。

月经期间，因为受激素的影响，情绪和心情也会有所变化，可能会莫名烦躁、易怒，女孩在这几天可以选择一些自己喜欢的放松方式来缓解心情。

第一次经历月经可能还会有害怕、羞愧、不知所措的感觉。

不要害怕，更不要羞愧。来月经首先证明你是一个非常正常和健康的女孩。这还标志着你是一个身体初步成熟的女孩了，你的身体有了伟大的功能，可以孕育生命了。当然，不是现在，而是在你以后遇到终身伴侣、走进婚姻殿堂后。

有许多家庭会专门为女孩子庆祝月经初潮的来临，全家举行一个活动，来祝福女孩子的成熟。

当你要经历月经初潮时，不妨也送给自己一个小礼物，庆祝自己进入了一个新的阶段吧。

第三节　男生的晨勃和遗精

早晨睡醒，打着哈欠想去上厕所，突然发现裤裆部位被顶了起来，或者感觉内裤湿漉漉、滑腻腻的，顿觉尴尬，连忙缩回被窝。这是怎么回事？是不是得了什么病啊？

青春期的男生有些难言之隐，比如上面提到的晨勃和遗精。什么是晨勃和遗精？又为什么会发生这些现象呢？

要弄懂这两种现象，我们需要先了解男性非常重要的一个器官——阴茎。

阴茎，是男性的重要外生殖器官，表面皮肤薄而且柔软，并且充满褶皱，但是具有很强的延展性。这里的皮肤为什么是这样的状态？一会儿我们会说到。

我们再来说阴茎的内部。在阴茎的背侧，也就是男性低头看到的阴茎的这一面，左右有两条像海绵一样的东西从阴茎根延伸到阴茎头，这就是阴茎海绵体。每个海绵体的外面都包裹着一层厚实的纤维膜，也就是海绵体白膜。

我们再向海绵体里面观察，会发现海绵体有许多的空隙。平常情况下，这些空隙没有充血，阴茎就是软软的下垂状态。这些空隙如果充血，阴茎就会变粗变硬。这时候阴茎表面皮肤的优势就显现出来了，因为柔软而富有延展性，所以可以满足阴茎变大时的需求。

男性的阴茎充血，将血液灌注到海绵体内的现象叫作“勃起”。

勃起在动物界也很常见，就人类男性来讲，勃起指的是阴茎勃起。

晨勃，指的是一般在清晨的 4~7 点，阴茎在无意识状态下的自然勃起，是男性的一种正常生理现象。

晨勃一般受雄激素的影响，清晨雄激素较高，因此可能会出现晨勃。男性在进入青春期后一般都会有晨勃现象，随着性成熟可能会逐渐频繁，但不一定每天都有。30 岁以后，随着年龄增长，晨勃会逐渐减弱或衰退。

我们再来了解另一个在青春期会出现的现象——

遗精。

精液是男性的生殖系统产生的一种由精子和精浆组成的液体。精子和精浆平时在各自的位置静静等待，等排精时，才会混合构成精液。

那什么时候男性会排精呢？

正常情况下，男性的阴茎受到外界的刺激，勃起冲动达到一个临界点，脊髓反射会对生殖系统释放强烈的神经冲动，带动肌肉收缩，压迫尿道，使得精液从尿道外口射出，引起排精。

还有一种情况，阴茎并未受到刺激，在夜晚熟睡时，精液却自己流出来了，这种情况被称为“梦遗”，是一种正常的生理现象。

为什么会发生梦遗？

因为精液积存过多导致溢精。

男性一般进入青春期都会有梦遗现象。初次梦遗年龄 11~16 岁都是正常的，一般是每个月 2~3 次。正常的梦遗不是病，也不是什么丢人的事，因此不要有心理负担。如果因为其他原因造成梦遗过多，并引起身体不适，比如精神萎靡、头晕耳鸣、腰膝酸软等，则需要去医院进行相关检查。

当然，梦遗也有由前列腺炎或者尿道炎等疾病导致的，或者是由长期过度性幻想导致，这些都是不健康的梦遗，需要配合药物或者心理治疗。

如果想要减少梦遗的现象，也可以从生活习惯进行调整，比如规律作息，多运动，晚上上床后不胡思乱想，避免性刺激，不盖过于暖和的被褥，不穿过紧的内裤以及早晨醒来不赖床等。

第四节　关于异性，你应知道的事情

男生怎么上厕所？男生为什么没有胸？男生为什么一出汗就会很臭……

女生对于男生总是有很多疑问。

月经是像小便一样可以忍住的吗？女生穿内衣只是为了美观吗？什么时候应该让女生多喝热水？

对于女生，男生也可能同样搞不明白。我们需要了解一些关于异性的生理小知识，解开心中的疑问。

一、关于男生，女生应该知道的事情

1. 男生站着小便。因为男生的尿道和女生不同，因此可以站着尿尿。

2. 男生小便不需要用纸擦干，大便和女生一样。

3. 男生进入青春期比女生要晚几年，因此身高和大

脑发育不如女生早。

4. 因为男生雄性激素分泌更多，因此更容易“油腻”，也更容易脱发。

5. 男生的阴囊是脆弱部位，开玩笑打闹请不要误伤。但是，对待想要侵犯你的流氓可以狠狠攻击这个致命部位。

6. 男生有喉结，女生没有。

7. 男生在青春期会经历变声，会有心理上的压力。

8. 男生不是没有乳房，只是一般不发育。男生的乳房没有哺乳功能，但是也同样有可能得乳腺癌。

9. 男生的皮肤比女生厚，汗腺发达，臭臭的味道是汗液滋生的细菌分解皮肤表面的污垢后所产生的特殊气味。

二、关于女生，男生应该知道的事情

1. 女生的月经和小便不是一个原理，所以憋不住。

2. 女生小便需要用纸擦干。大便从前往后擦干净，防止细菌进入阴道。

3. 经历了月经初潮的女生，以后很可能每个月都会有那么几天经历“流血”事件。这期间因为受到激素的影响，心情可能会莫名烦躁，想发脾气。

4. 刚开始经历月经的女生，月经可能不规律，经验也不够，因此可能会弄脏衣服，男生不要嘲笑或不好意思，应善意提醒或者借给女生一件衣服遮挡。

5. 女生月经期间是比平常虚弱的，不适合游泳，不能做剧烈运动。如果有痛经现象，则腹部和腰部会有下坠和肿胀感，这时不宜喝冰水、冰饮料，也不能着凉，多喝热水有好处。

6. 女性的体脂率比男性高了一倍，所以女生“肉肉的”“胖乎乎的”是基因决定的。

7. 女性皮肤中的神经纤维大约是男性的两倍，因此女生对疼痛感知更明显，并不是娇气。

8. 女生也长腋毛，也会脚臭，甚至比男生更臭，因为女生脚部细菌繁殖速度更快。

9. 女生之所以闻着香，不仅因为自身有体味，更可能是女生使用的各种沐浴用品或护肤品的味道。

10. 女生穿胸罩可以缓冲体育运动带来的震动，避免乳房受伤。

11. 女性在月经期间是不可以进行性行为的。

青春期是一个懵懂的时期，我们不仅对自身的身体变化有疑惑，同时也会格外关注异性，对异性的一些生理现象产生好奇。我们可以通过查阅正规科普网站、性知识普及书籍或者医学科普来获取正确的生理知识，消除疑惑，同时也对异性有更多的了解，为两性的交往奠定更多正确的认知基础。

第五节 青春期的性冲动

战国时期有位名叫告子的思想家，他曾在与孟子辩论人性时说道：“食色，性也。”“食”指的是食欲，也就是吃东西；“色”指的性欲，就是发生性行为。

告子这句话的意思是，食和色是人和所有动物都有的相似的一种本性。

一、为什么会有性冲动

性冲动，是对性行为的一种渴望和冲动。

性冲动需要有动力，主要受本能、激素以及性释放的影响和推动。

本能就是天然的能力。人和动物一样，需要用性冲动带动性行为，进而繁衍生息，确保自己的物种延续。性激素的分泌会使人有想要满足欲望，获得快感的需求。性的释放，会令大脑释放出多巴胺，而多巴胺会让人有愉悦的感觉。

二、性冲动时的感受以及身体和心理发生的变化

性冲动产生时，神经冲动会传导到大脑的有关中枢，形成性兴奋，并通过神经系统引起生殖器官的变化。同时，心里会有激动兴奋的感觉，会感觉自己心跳加快、皮肤泛红、手心出汗。

三、哪些行为会引起性冲动

一般来说，各种感官刺激，如视觉、听觉、嗅觉、触觉上的刺激都可能引起性冲动。比如，异性的体貌、体味，抚摸，想象，或者看到异性间的亲密行为，文学作品中关于亲密行为的描述等，都可能会引起性冲动。男女引起性冲动的因素稍有不同，对于男性来讲，视觉刺激更容易引起性冲动，而女性更容易被触觉和听觉引起性冲动。

处于青少年时期的孩子，因为生殖器官正在发育，性激素分泌较多，所以在受到外界的某些声音、画面或者异性的接触等刺激时，更容易产生性冲动。

四、有了性冲动应该怎么办

对于成年人来讲，性冲动可以通过与自己的伴侣发生性行为来解决。对于青春期的男生女生来讲，如果有

性冲动，首先不要觉得羞耻或难堪，一味地压抑或者回避也不是好的办法，可以适当地通过自慰来解决。

性冲动是人类的一种正常生理现象，但是频繁的性冲动却可能对身体和心理造成负面的影响，沉溺于性冲动会使人身心俱疲、不思进取，甚至产生更严重的后果。

对于青少年来讲，首先应该主动远离一些易引起自己性冲动的外界刺激，比如一些描写亲密行为的小说、图片、影视作品等。

性冲动和性行为虽然是人类和动物的本能，但是人类与动物是有本质区别的，人类之所以称为“人”，是因为我们有理智、文明和教养，可以有自控力，可以用理智来看待和克服本能的欲望。这正是人进化出的更高级本领，也是人高于动物的地方。

“食色，性也”是告子的一个观点，是告子在和孟子论述的时候提出的。其实后面孟子还补充了一下观点，便是“仁义礼智，非由外铄我也，我固有之也，弗思耳矣”。意思是，仁义礼智等品德是人们建立亲密的关系、选择最佳行为的方式。因此，我们既要看到“食色，性也”，也要看到“我固有之也”的智慧，用自己的智慧去调节本性，获得身体与内心的平衡与安宁。

第六节 性行为和避孕

我们在上一节提到了，人会产生性冲动，青春期的孩子可以靠适当自慰来解决性冲动。如果有通过和异性进行性行为来解决性冲动的，那么就涉及性生活和避孕的问题。

青春期生殖器官的发育带来的性冲动是不可避免的，也是非常常见的。那么如何解决性冲动，可能就会成为青少年自主探索的领域。

如果没有接受过正确的性观念和性知识，可能会做出一些不恰当的行为，甚至会给自己和他人带来伤害。

如果回避和压抑性冲动，长期下去可能会导致性欲低下，影响生活幸福指数；也有可能会将性冲动转化到其他地方，比如对他人实施暴力，甚至是性犯罪。因此，过分压抑性冲动是对人的身心有害的。

与性压抑相对应的是性自由，即对性的放纵。

不加节制地寻求性刺激或者发生性行为，长期放纵自己的性欲，会对人的内分泌、免疫功能、神经系统产生不利的影响。比如性行为频繁，会使人反复地、经常性地处于兴奋之中，对性腺和生殖器官也是高度的刺激，会使身体能量高度消耗、身体其他器官的适应性减少，从而影响到人的免疫系统。如果女性长期性刺激过度，雌激素水平分泌过高，有可能导致额外排卵或者乳房组织异常，甚至有诱发癌症的危险。男性的性欲放纵也会引起身体健康问题，会生病。

只有适当的性行为才是正常的，也是有益身心的。那么，如何选择适当的性行为呢？

一般性行为包括自慰和性生活。

自慰，就是靠自己一个人来解决性冲动，满足性需求。自慰是自己解决性需求的合理方式，因此不丢人，也不妨碍其他人，可以正常地进行。但是前提是安全、卫生、适度。如果有可能对生殖器官造成伤害，或者妨碍他人以及频繁自慰，那就不是正确合理的自慰了，应该杜绝这种错误自慰方式。

另外一种是性生活。

性生活不只有性交，双方的拥抱、接吻、抚摸等都是性生活的一部分。

自慰是一个人完成的性行为，而对于和异性一起进行的性生活，就有许多需要注意的事项了。其中最重要的是必须了解如何避孕。

我们知道，青少年时期男性和女性的生殖器官已经逐渐成熟，男性会产生精子，女性会产生卵子，一旦精子和卵子结合，女性就会怀孕。

首先怀孕是非常重要的一件事，代表一个新生命的开始。同时这也是非常重大的一件事，要求男性和女性都要充分做好心理和生理上的准备。这也就是为什么我们需要先恋爱，再结婚，最后怀孕生宝宝。因为到了法定的婚育年龄的人，生理和心理都已经成熟，经济也有一定保障，怀孕生宝宝也是双方商议确定后的共同意愿，且双方能够为此承担起相应的家庭责任和社会责任。

反观青少年之间的性行为，就不具有这些基础。因此，**首先，青少年应该避免性行为**。其次，如果特殊情况下发生性行为，一定要采取避孕措施。

现代避孕方式多种多样，其中相对安全可靠的便是使用男用安全套。

首先，去正规的商店购买安全套，保证安全套的品质和有效期。其次，要学会使用安全套。

先小心撕开包装，拿出安全套；再放在阴茎头上，捏住套前小泡，去除里面的空气；最后将安全套从头一直套到阴茎末端。

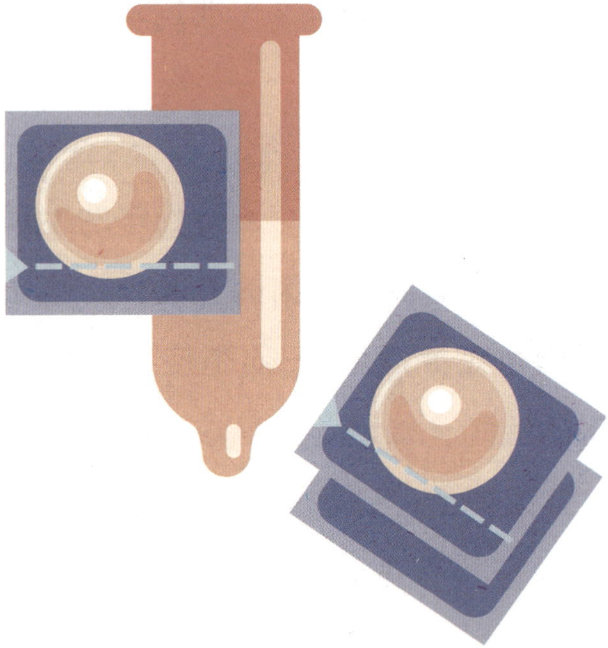

▲ 我们应该认识安全套

需要注意的是，如果安全套套反了或者有破损，则要重新更换新的安全套；使用过的安全套需要丢弃，不能重复使用。

安全套可以降低怀孕风险，有效率达到98%，而且对身体没有伤害，因此是首选的避孕方式。

那同性之间不存在怀孕的后果，是不是就可以随意进行性行为了？

同样不提倡随意的性行为。

由于同性之间的性行为也会有感染性疾病的风险，因此如果男性同性之间发生性行为，也需要使用安全套。

在这里我们需要申明一点，学习这些性行为知识，绝不是提倡青少年发生性行为（青少年的生理和心理发育还不完善，并不适合性行为的开展，到达法定婚育年龄的人性行为也需要适度），而是使我们能够对性行为有一个正确的认知，知道什么是该做的、什么是不该做的。同时，如果遇到了这样的情况，要知道怎样做是安全的、有益的，从而避免造成伤害或者使伤害进一步扩大。

知不知道和应不应该，本来就是两个完全不同的问题。就比如我们知道银行金库的密码，但是如果我们任由贪念超过理智，使用密码打开金库去挪用不属于自己的金钱进行挥霍，这是道德和法律都不允许的事情，必然要承担严重的后果责任。

同样地，我们了解了这些性知识，就是在建立我们对性的理智，就不会被体内的激素冲动牵着鼻子走；知道冲动后可能会有什么后果，我们就会理智地对待青春期性问题了，这才是我们想要达到的目标。

第四章

男女相处：
对异性有好感是正常的

第一节 我们为什么会对异性有好感

那个男生长得高高帅帅，看起来很养眼啊！那个女生上次帮我包扎伤口，肯定是个很温柔的人吧？我同桌会帮我买我爱吃的零食，真的很懂我呀！……这些因为外表、某些品质而对一个人产生好感的情况是非常常见的现象。那为什么我们会对异性有好感？

青春期既是一个生理学名词，也是一个心理学名词；既代表人体生长发育的第二个高峰（第一个高峰是在人的婴儿时期），也代表一个特别的心理发展阶段。

这一时期不仅身体较儿童期发生了翻天覆地的变化，心理上的需求和感受也有了很大的不同。

第一，身体的迅速变化，可能会使青少年不知所措，从而产生自卑、不安、焦虑等心理问题。

第二，这一时期青少年有了自己的特定意向，想要自己做决定，但是在物质生活方面还需要依赖父母。法律也规定，这一时期的青少年需要负一定的刑事责任，而其监护人也要承担法律责任。

青少年容易对自己定位不清晰。想要独立却还不具备独立的条件，外界和社会对他们的行为要求也具有不确定性，这就容易导致他们出现一些特殊的心理问题。

第三，青春期有一个明显的心理特点，就是对于他人尤其异性关注的需求。

这是性激素的作用。青春期性激素的分泌，除了会促使我们的生殖器官逐渐发育成熟，还会让我们的心理发生巨大的变化。我们可能会突然对他人尤其异性有好感，会注重自己的容貌、穿着打扮、行为举止，会在意他人尤其异性的眼光，这是很正常的现象。

同时，在性激素带来的性冲动及原始的本能驱动下，又会使自己不受控制地想去寻求性刺激或者发生性行为，这些都会促使我们去接近和关注他人。

这一变化也会给青少年带来困扰，甚至成为负担。

如果在自己身上出现勃起、梦遗或性冲动等生理现象，更会加重思想负担。

这些虽然都是自然规律，是正常现象，但是对于刚从儿童期过渡来的青少年来讲，一下子发生这么多的转变，心中就会有像被扔了一颗颗“重磅炸弹”一样的感受。想要处理好这么多“炸弹”带来的冲击，并不是一件容易的事。

面对这些困难，他们十分无助。没有人告诉他们，这时候的心理变化应该如何调节，遇到这种情况应该怎么办。这些都属于很私密的话题，不好对家长讲，同学之间也都是一知半解，因此想要寻求帮助是很困难的事情。

▲ 青春期的异性相吸

可能很多人会向错误的方向探索，或者任由自己的理智被欲望带偏——对异性有好感就和异性交往，有性冲动就发生性行为，过早地去进行不属于这个阶段的行为，甚至造成一些不可挽回的伤害，比如感染性疾病或者未成年女性怀孕等。

那么，应该如何应对青春期出现的这些心理问题呢？

第一，需要寻求正规的帮助渠道，获取科学的性知识。

可以阅读正规的性教育读本、学习性教育课程等。影视剧、小说等渠道中的爱情观、性知识不能作为依据，也不要盲目模仿。

第二，对异性有好感是正常的、无可厚非的，这是青春期明显的特点，代表我们有正常的感情需求，因此不用刻意压抑或者觉得犯了不可饶恕的罪孽。

第三，和异性的接触，能让我们有一个新的角度去理解社交，并有助于我们完善自身，提升自我。

无论是青春期萌发的感情，还是成年人的恋爱，以及走进婚姻中夫妻的感情，好的感情一定是对双方都有促进的，是使两个人都有进步和提高的。我可以从你身上学到理智的逻辑，你可以从我身上看到努力与坚持的力量。一定不要被生理的感受所控制，而是用理智的思想来引导我们的行为。唯有如此，才是健康的、使人感受到美好的感情。

第二节 分清喜欢和爱的区别

提到早恋，仿佛是一个带有罪过的词语——偷偷摸摸，家长和学校的严厉禁止。但其实早恋更应该被称为“青春期恋爱”。

青春期恋爱不是万恶的禁忌，也不会让人都走进堕落的深渊，关键要看我们对这件事怎么理解。

要想搞清楚青春期恋爱，我们先要明白喜欢和爱之间的差异。

“我想和他一起探讨题目，放学一起回家”“我想和他一起去吃冰激凌”“我就喜欢作弄那个女生，但是别人欺负她却不行”“我就觉得远远地看着她就很满足了”“看我这个投篮多帅，不知道她刚才看见没有”……这些是喜欢还是爱呢？

什么是喜欢？

喜欢一个人，可能只是因为这个人长得符合我们的审美标准，就像我们喜欢的某首歌曲、某部电影、某本书，是符合我们内心的标准的。喜欢一个人可能不会考虑太多，可能只是对对方有好感，待在一起很舒服，欣赏就很好。

爱却不同，爱是更加强烈的感情，而且爱具有唯一性、排他性、独占性。

爱一个人会变得敏感，会考虑自己是不是不够好，对方心里怎么想；会牵挂，会怀疑，也会无条件信任；会想要拥有，又害怕失去。

爱有时也会是喜欢的延续和升级。

爱是互相的，是精神所投射的正能量，是灵魂发出的共鸣。

爱还会促使彼此有更多的同理心，也会为对方甘愿做出改变，成为更好的自己。

对照青春期的恋爱来看，我们可以思考一下，对于那个他/她，我们究竟是喜欢还是爱？我们是真的爱这个人，还是为了跟风或者叛逆？我们有足够的同理心吗？我们会相互扶持共渡难关吗？我们的灵魂是契合的吗？我们互相之间成为更好的自己了吗？

如果答案是否定的，那就说明可能只是有点喜欢他/

她，而不是爱。

有的时候甚至可能根本连喜欢都不是，只是异性之间的友谊而已。有好感、敬佩、欣赏，有共同爱好，想要一起做更多的事，这可不就是交朋友嘛。

同时，爱不仅限于青春期，也不仅限于男女之间，爱还有更宽泛的定义。

我们热爱自己的祖国、自己的家乡，这是对我们的归属之爱；爸爸和妈妈因为爱走在一起，这是男女之爱；父母将我们从嗷嗷待哺的小婴儿养育成挺拔的少年，这是父母对子女之爱。

什么是爱？

这是一件见仁见智、众说纷纭的事。

有人说爱是世间最美好的感情，也有人说爱是世间最痛苦的经历。

有人说，爱是轰轰烈烈、奋不顾身，也有人说爱是细水长流、柴米油盐。

每个人对于爱情都有不同的理解，但是毋庸置疑的一点是爱是世间最吸引人的事物之一，也是最伟大的感情。

对于青春期的恋爱，在这里引用一下美国作家J.

D. 塞林格在《破碎故事之心》里的话语："有人认为爱是性、是婚姻、是清晨六点的吻、是一堆孩子，也许真是这样的，莱斯特小姐。但你知道我怎么想吗？我觉得爱是想触碰又收回手。"

愿我们每个人一生中都能找到属于自己的那一份爱。

第三节 交往中要互相尊重

如果我们在青春期想和他人建立友谊，尤其是想和异性交往，那么我们需要知道一些交往中的礼仪和注意事项。

交往的开始源于什么？

他/她对你的讨好？他/她长得漂亮？他/她家世好？

如果是以此为开端，那么可能就不是平等友好的开始。尤其是与异性交往，这种开端更不可取。

与人交往，首先，需要态度端正。

我们愿意与他/她接触，成为朋友，是源于对方身上的某些长处或优点，是因为他/她的性格和品行，是因为有共同爱好和理想。如果交往是以此为开端，那就具有了坚实的基础。

其次，两个人交往最重要的便是互相尊重。

这既是交往的基础，也是交往过程中必须时时遵守的准则。试问，一个不懂得尊重他人的人，如何能够具有换位思考能力？如何能体谅他人的内心？又会做出多少冒犯别人的举动？

比如不管对方是不是有事，是不是在忙，一定要他/她优先考虑自己；有的男生觉得自己就应该保护女生，也不管女生心里如何想；或者女生觉得男生就应该宽容大度，如果有细腻的情绪就被认为娇气；对着对方发号施令，认为自己是那个高高在上的人；自己想吃什么想买什么就按自己的意愿来，不过问对方的想法；约好的事情临时变卦没告诉对方，以忘了为借口……

不懂得尊重他人的人，在家庭中可能和家长处不好关系，在学校中可能交不到好朋友，以后在工作中也难以和别人合作。

那如何尊重他人呢？

首先要自尊。

自尊从何而来？从自信而来。

努力提升自己，丰富自己的内涵。就算外貌不出众，但可以永远保持干净整洁；就算身材不完美，但是学习成绩永远优秀；可能不会甜言蜜语，但是真诚可靠。自己首先要自尊自信，散发出的气质和气场是那些只有外表美的人所无法比拟的，自然会更吸引人。

其次，要尊重两性的差异。

我们在前面提到过男孩和女孩之间的差异，男孩应该知道一些女孩的常识，同样女孩也应该知道男孩的一些心思。不要想当然，也不要“我以为”，要尊重科学和规律。

尊重，是尊重他人，也是尊重自己。

尊重是相互的，自己尊重他人，也会换来他人的尊重。

尊重，要知道每个人都有缺点。

“金无足赤，人无完人”，既然是人就一定有缺点和阴暗面。有的人心思细腻，但是动不动就爱陷入悲观的情绪；有的人乐观开朗，但是会有丢三落四的毛病。人有优点就有缺点，我们不能只在最初被优点吸引，然后发现他/她居然也有缺点就接受不了，这不是对方的问题，这只是我们自己不切实际的幻想。不论是同性朋友还是异性朋友，都不能要求对方十全十美，更不能要求对方将自己置于一切事物和人的前面。

青春期的激素影响是促进我们和异性交往的主要推动力，这从另一个方面来看，是百万年进化带来的推动力，让我们走出狭窄的自我圈子，去了解世界上另一个和我们不同的个体。

与异性的交往其实属于社交的一部分，我们无论和谁交朋友都需要遵守一些原则，尊重他人的性格和习惯，这是所有社交通用的原则。无论我们是和同学、朋友相处，还是以后步入社会和同事、合作伙伴、上司相处，这都是基本的要求。

因此，我们可以将青春期的同性或者异性交往看作人生道路上的一次社交练习，练习我们的修养和礼仪，练习我们的同理心，练习我们换位思考的能力等，这些都会成为我们人生路上的宝贵经验和美好回忆。

第四节 让人不舒服的“越界”行为

界限，意思是边界、分界。“界”是分界，“限”是限度。超过了限度，就是越界了。

缺乏界限感，让你和朋友、同学、家人相处时，自己容易感觉“受伤”，他人感觉“累”，因此是一种错误的人际交往方式。

界限感，指的是人和人之间交往的分寸。缺乏界限感的人，容易做出越过别人心理界限的事情。

总是以自我为中心，总是命令却不愿意分享，总是发泄情绪却不愿意包容，总以为别人的付出就是应该的，不懂得尊重别人的隐私……这些都是在人际交往中缺乏界限感的表现。

还有很多越界行为，可能表面会打着“亲密”的幌子。比如，“我因为没拿你当外人，所以才跟你开过分的玩笑”；“咱俩都这么熟了，我翻翻你的东西还需要打报告啊”；“我跟别人分享你的糗事，证明咱俩关系近啊”……

缺乏界限感，会使人们在交往中同样面临困难。男女相处，经常遇到这种问题：

比如总是不经对方同意，翻看对方的日记、手机等私人物品；不考虑伴侣的情绪，与其他异性举止亲密；不分时间、地点、场合地发脾气、吵架；不顾对方的意愿，执意与对方发生亲密举动等。

这些都是越界行为，有言语越界，也有行为越界，有些行为越界可能已经构成性骚扰了。

所以，在所有的人际交往中都要遵循界限感。

第一，说话做事之前要先考虑他人的感受。

▲ 异性相处中令人反感的亲密举动

不开过分的玩笑，每个人都有自己的小缺点，如果不涉及品行和道德问题，那么都是无可厚非的。比如有的人性格大大咧咧，但是总爱丢三落四，我们便逢人就说对方是“猪脑子”“笨死了”。

对于亲近的人来说，他愿意把自己有缺点的一面展现在你面前，证明他是不设防备的。而如果我们抓住对方的某个小缺点开过分的玩笑或者进行人身攻击，那么就是非常没有素质和礼貌的表现，同时也会令对方感到失望和伤心。我们对于陌生人都会保持起码的礼貌，那么对于自己亲近的人，为什么就要说出伤人的话呢？

第二，不要用感情来“绑架”对方，同时不要刻意讨好对方。

“我以为咱俩是好朋友，没想到你竟然这么不通情达理。”

“你要是不答应，那我就再也不和你做朋友了。”

这些都是情感绑架，利用对方的恐惧或者负疚感来达到自己的目的。

除了情感绑架，刻意讨好同样不可取，这会丢失自己的界限感，让他人认为你可以随意欺辱。

第三，提升自己的能力，增强自我价值感。

无论是炫耀关系亲密、情感“绑架”，还是刻意讨好，其实都与自我价值感低有关联。

自我价值感，指的是自己看重自己，有自己正当的爱好、明确的追求，并能从中获得幸福感和自我实现感。拥有自我价值感的人，会拥有很强的独立性、责任感与界限感，在与其他人的交往中会有“我完全有能力照顾好我自己”“我尊重你的个人隐私”“我们是平等尊重的关系”等观念。因此，自我价值感是从根本上解决人际交往的一个关键点。

不要以为关系亲密就可以无拘无束、无所顾忌，亲近的人同样需要尊重和隐私，没有界限感就是没有礼貌的表现，而且可能会使两人的关系向不健康、不和谐的方向发展。因此，我们需要明确自己和对方的心理界限，尊重他人、看重自己，建立健康和谐的亲密关系。

第五节 不要屈从于同龄人的压力

你对朋友的定位是什么？你觉得交朋友的意义是什么？在与朋友交往的时候，你会因为压力而和朋友做一样的事情吗？如果这些问题你还没有想清楚，那么就有可能会发生与人交往的烦恼。

在儿童期，我们虽然也有朋友交往，但是主要的依赖还是家长，有什么事情我们会想第一时间和爸爸妈妈分享。进入青春期，我们的心理依赖会逐渐从家长向朋友转变，开始有朋友的交往需求，并且情感也开始向朋友转移。

有朋友真好啊，可以一起讨论学习，一起学舞唱歌，一起喝饮料吃冰激凌，一起放学打球，当然还有一起讨论异性和一些隐私话题。

和朋友在一起，就很想和他做事都同步：买同款小饰品，喜欢同一个奥运冠军，打卡同一家店等。

这是正常的心理，无可厚非，但是在和朋友相处的过程中，我们需要警惕一点，那就是避免陷入从众心理。

一、什么是从众心理

从众心理，指的是个人在群体的影响或者压力下，放弃自己的意见或者违背自己的观点，从而使自己的言论、行为保持与群体一致的一种现象。

举例说明，如果你的朋友圈子里大家都买了一款新的运动装备或者新的文创产品，你也会想要拥有同款，即便你并不是真心喜欢。这就是从众心理。

二、为什么人们会有从众心理

人在群体中如果表现出与他人不一致的言论或者行为，就会受到一种无形的压力。这种压力来源有两个：第一，人们常常认为多数人的正确概率比较高。当自己缺乏参照和规范的时候，就会选择从众。第二，因为害怕被群体剔除而产生的压力。人们害怕自己因与他人不同而遭到孤立，因此会选择从众。

举例来说，你的朋友买了新款运动装备，他们都说这里面有什么新的设计、新的科技，非常厉害，而你对运动装备没有深入研究，很可能就会根据他们的意见，也选择同一款运动装备。

你的朋友都买了某款文创产品，只有你不买，就好像是“不合群”，与大家步调不一致，甚至遭到调侃或奚落。在这种压力之下，你也会购买同款产品，只是为了使自己不成为那个被孤立的人。

同样地，如果朋友们都交了男朋友或女朋友，那我也需要交。如果朋友说我们都已经拥抱接吻了，那我也要拥抱接吻。你心里可能觉得哪里不对，但是又想，大家都这样，而只有我自己保持不越界、不发生亲密关系是不是我有问题？要不我也试试吧。

不！不要因为别人做了什么你就也做什么，你的内心有自己的观点、有自己的直觉，你只是迫于群体压力而产生了怀疑和动摇。

这时候，坚定自己内心的想法，永远不要因为群体压力而去做什么，永远问问自己内心真正的感受和真正想要什么。

我们可以看到古今中外许多有伟大成就的人都不盲目从众，而有自己的独立思想。比如文艺复兴时期著名的天文学家哥白尼，他在“地心说”是主流的时代，提出“日心说”。他顶住巨大压力，始终坚持自己的研究结果，才能最终成功颠覆所有人的固有认知，改变了全人类的宇宙观。

当然，坚持自己的思想和意见与交朋友并不矛盾。这并不是要我们疏远群体，独身一人。

每个人都不可能完整地客观地看待整个世界，朋友存在的意义是让我们见识到不同的思想、不同的性格，并激发我们去思考，走出自己狭隘的思想，从而见天、见地、见众生、见自己。

知心朋友不必多，能懂你并能在关键时刻给予你帮助，关键是给予思想上的力量的朋友十分难得。普通朋友也不能少，他们使我们懂得如何与人交往，开阔眼界，丰富自我。最好的朋友关系是互相学习、互相成就，而且各自有独立的思想。

如果与某个朋友交往的目的只是攀比和同步，这样的朋友不交也罢。

第六节 要懂得自我保护

我们生活在一个和平、稳定的社会，但是并不代表这个社会中没有潜伏的“坏人”和危险因素。其中有些“坏人”可能会在特定的环境中露出丑陋的真面目，实施性犯罪。如何避免自己陷入危险的境地？我们需要懂得一些自我保护的知识。

青少年一直处在家庭和校园相对单纯的环境中，因此心思澄明，通常对人不设防。这当然不是坏事，而且是非常难得的品质。

但是从另一个角度来讲，这可能就给了那些“潜伏”的坏人以可乘之机。生活中也不乏各种针对青少年的侵害和犯罪。比如被同学欺凌、被性侵、被性骚扰、被下药迷奸、被诱骗吸毒等。这些都不是危言耸听，而是有活生生的案例，而且有些侵害很有可能就来自身边人，危险离我们并不遥远。

因此，从我们自身安全的角度来讲，必须要有自我保护的意识，并学习一些自我保护的方法。

首先，树立自我保护意识。

知道什么情况可能是危险的，并避免此种情况发生。

1. 与异性相处时，保持适当距离，避免肢体接触。

2. 不要与异性去封闭场所。

3. 对他人的“献殷勤”如送礼物、夸赞、诱惑等，要保持警惕。

4. 夜晚不单独一个人出门。

5. 不去娱乐场所。

6. 不吸烟、不喝酒，并坚决拒绝毒品。

7. 不贪图享受，不追求吃喝玩乐，不占小便宜。

8. 不单独约见网友。

我们来说明一下，为什么这些情况要格外注意。

第一，处于青春期的青少年受到性激素的影响，对于性行为和性接触十分敏感。因此，与异性交往应尽量避免肢体接触，不创造暧昧的时机。

同时，要避免因为他人的夸赞、送花、送礼物等行为就和不了解的人交往，更不要为了攀比和炫耀去结交不了解的异性朋友。

第二，一些娱乐场所、封闭场所，比如 KTV、旅馆等，因为环境影响，可能会激发人的性冲动，同时，这里还可能会有吸烟、饮酒甚至吸毒的风险。如果被影响或者被诱骗尝试有害物或危害品，很有可能会因此陷入危险境地。

▲ 与异性交往避免单独相处和去娱乐场所、封闭场所

第三，夜晚单独一个人出门通常是有潜在危险的。如有同伴在，对心怀不轨的人是一种震慑，能降低遭受

他人性侵犯的风险。

其次，学习一些自我保护技巧。

1. 外出时，必须如实告知父母是去哪里，和谁一起，大约多长时间。

2. 夜晚外出可带上“防狼喷雾”、哨子、报警器等物品。如果遭遇危险，可以报警或者乘机袭击对方，让对方无法追赶。

3. 牢记家庭、学校附近的派出所、治安岗亭等地点的位置。如果遇到危险，可以去这些地方求救。

4. 去到陌生地点也要观察并暗记周围环境。

5. 乘坐出租车时要将车牌号码及时发给自己的父母。

6. 手机设置 SOS 紧急联系功能，关键时刻可以隐蔽地求救。

7. 多关注时事新闻，了解真实的社会现状。

8. 在有陌生人的场合，离开座位回来后，不喝之前的饮料和水。

9. 不要向不熟悉的人暴露自己的弱点。比如告诉对方自己胆小，或者父母今天不在家等。

10. 如果遇到性侵害，要先利用各种方式逃脱，如果实在没有办法逃脱，那么就努力将受伤害程度降到最低。

最后，拥有自我保护意识比自我保护技巧更重要。

自我保护技巧是遇到了危险，用来应急处理的，是事情发生了再去应对的方法，而且这些方法只是一些适用于普遍情况的方法。现实中可能有各种各样的危险，并没有一种百分百有效的通用方法。

我们不能觉得自己遇到情况能够应付得来就放松警惕，树立自我保护的意识才是根本的方法。

只有自我保护意识提升了，才可能避免让自己陷入危险或减轻受伤害的程度。

有的孩子说，危险无处不在，那我们是不是就要防备所有人，对所有人都不要以诚相待了？

自我保护与真诚待人并不矛盾。我们学会识别“毒蛇”，不是为了瓦解人与人之间的信任，相反，是为了发现更珍贵的感情和更值得珍惜的人。只有这样的感情和人才值得我们用心守护。

第七节 和妈妈聊聊你的约会

你会和家长主动说你谈恋爱了吗？你的约会会征求家长的意见吗？相信大部分人听到这些问题都会摇摇头。

是什么原因让我们不愿和家长进行私密话题的交流呢？

青春期，面对自己身体的变化、对异性的朦胧感情和自己起伏不定的心情，难免会产生许多困扰。我们一般会找谁倾诉和商量呢？

如果我们“恋爱”了，如何和异性交往——什么该做、什么不该做，如何保护自己、尊重他人都是一个难题。这时候我们又该找谁去做情感咨询？

同学？网友？或者直接用搜索引擎搜索答案？

这并非不可行，但是各有弊端。

第一，同学都是自己的同龄人。心智水平和生活经验上没有太大差别，因此很大程度上是无法给予你建设性的意见的。

第二，网友是陌生人。一个没有参与你生活的人，何来的发言权呢？有的人可能说，我的朋友很懂我啊。不要相信什么“心有灵犀”和“相见恨晚”，网友了解你，可能只是因为你自己暴露了太多信息。

第三，自己上网寻找答案。茫茫网络，怎么能找到完全适用于自己的案例，又如何辨别信息真伪？

因此，我们需要找到“靠谱”的渠道。

遇到了烦恼，为什么不想求助家长呢？

有代沟？怕挨骂？不理解？

的确存在这样的问题。

但是，我们也忽略了家长的优势。

首先，父母、长辈都是成年人，年轻过，也经历过青春期，甚至遇到过和你一样的问题，因此有经验。

其次，父母作为生活中最亲近的人，可以从旁观者的角度发现一些你自己都没注意到的问题，提醒你可能遇到的危险。

最后，也是最重要的，他们是这个世界上最值得你信赖的人。不用怀疑这一点，父母对孩子的爱是世界上最伟大的感情，没有人能比他们更关心你，更想让你过得好，因此他们非常愿意将自己的经验分享给你。

和家长聊聊自己的心里话吧，男孩可以和爸爸聊，女孩可以和妈妈聊。当然，如果爸爸妈妈一起参与是再好不过的了，因为这样你就能够同时从同性和异性两个角度去分析问题。

▲ 和妈妈或长辈聊聊私密话题

所以，即使处在青春“叛逆期”，也不要将父母异端化和敌对化，不要高估自己的能力，臆想自己可以搞定一切状况。

或许，有的孩子和爸爸妈妈之间有隔阂，实在无法开口谈论情感的问题，又或许爸爸妈妈不在身边。那也没关系，除了父母，值得信任的长辈、学校的心理辅导老师、情感咨询师等也都可以成为我们倾诉的对象，他们一样能给我们提供有益的建议。

在与异性的交往中，我们只有得到正确、客观的反馈，才有可能调整自己的行为，也才有可能获得一份美好的感情。不论相处到最后，两个人结果如何，起码过程中我们是清醒的、尽力的、安全的。我们知道自己在做什么，知道如何听从自己内心的声音，知道如何避免自己受到伤害，也逐渐学着与异性相处，获得人生的经验。在以后漫漫的人生长路上回想起这一份感情，会永远觉得美好和宝贵。

第五章

预防性暴力：没有什么比你的身体更重要

第一节 设置性界限，预防性暴力

暴力，指的是一种导致或者可能导致身体、性或心理伤害的行为，不仅包括身体暴力，还有情感暴力和性暴力。本节讲讲性暴力，以帮助青少年避免遭遇性暴力。

一、什么是性暴力

性暴力，一般指的是故意攻击性器官，强迫发生性行为、性接触的行为。

性暴力是一种严重侵犯人的身心健康和人格尊严的犯罪行为，这种暴力行为不仅对受害人的身体造成伤害，而且会对受害人的人格进行践踏，对受害人的影响比单纯的精神暴力和身体暴力都要更严重。

根据受害者的类型，性暴力可以分为基于性别的性暴力、针对儿童的性暴力和针对残障群体的性暴力。而施加性暴力的方式包括性骚扰、性侵害等。

性暴力可能发生在家庭中，也可能发生在校园中和职场中。

在家庭中，如果一个家庭成员对其他的家庭成员强行施加性行为，那就属于家庭性暴力；在校园中，如果有教师或者学生对其他学生实施性骚扰或者性侵害，那么也属于性暴力；在职场中，如果被迫观看有关性的图片、网站等，属于职场性暴力；因为有的同学心理性别认同与生理不同，就对该同学实施语言或肢体欺凌，也是性暴力。

性暴力的施害者不仅可能是陌生人、网友、不熟悉的人，也有可能是情侣、老师、上司，或者可能是家长、同学、同事。

不论是什么关系，只要是强行施加的性行为、性接触，都是性暴力。

二、如何预防性暴力的发生

在学校中或者是日常生活中我们需要保护好自己，提防性暴力的发生。

首先，设置性界限。

简单来说就是自己的身体界限。

我们先要清楚地知道自己的身体隐私部位和性器

官，并在日常的穿着打扮中注意保护好自己的隐私。穿衣打扮是每个人的权利，每个人都有权利按照自己的喜好来穿着打扮。但是这里我们要注意，必须考虑安全的因素。我们必须承认，暴露和清凉的穿着可能会存在更高的性暴力风险，对于女性更是如此。据统计，在夏季，发生性骚扰和性侵犯的频率更高。其中穿着简单或者暴露是重要的原因。

因此，一切都要为人身安全让路，保护自己远比穿着性感更重要。

▲ 与异性交往，保持界限，守住底线

当然，这里并没有说穿着性感就是错误的意思，我们要做的是避免因此使自己陷入可能的危险之中。

其次，与人接触，记住至少保持“两个拳头”的距离。“两个拳头”，是自己内心设置的性界限，如果有人（对女性来说，尤其是异性）进入两个拳头的范围，那么就是超过了你设置的性界限，需要主动远离，恢复到两个拳头之外。

以后到了婚育年龄，谈恋爱了，结婚了，才可以在与自己的伴侣接触时拿掉两个拳头。同时，对其他人仍旧保持“两个拳头”的距离。

再次，对性暴力勇敢说“不”。

不论是校园性暴力（比如同学给你发黄色信息或是老师的性骚扰），还是生活中的性暴力（比如熟人或陌生人强行触碰你的隐私部位等），都要勇敢地说“不”。在确保安全的情况下表示明确的拒绝和反抗，并将这件事告知可以信赖的成年人（比如父母、校领导、社区工作人员等）。也可以直接报警，因为性暴力是明确的违法行为。《中华人民共和国刑法》《中华人民共和国未成年人保护法》中都有对性侵害或性暴力行为相关的处罚条例。

需要明确的是，不仅是女性，男性也同样会遭受性暴力；残障人士也会遭受性暴力；家庭中也有可能发生性暴力。

另外，我们无意中的行为，比如看到性暴力选择沉默、无意中的性别暴力，都有可能助长性暴力者的气焰。

无论何种性暴力都是错误行为，都是侵犯人权的违法行为，因此我们需要提高警惕、远离性暴力，同时也不隐瞒性暴力事实，不成为性暴力者的帮凶。

第二节　学会判断什么是性骚扰

什么是性骚扰？公交车上被人摸了一下大腿算不算？有人给你发了一张黄色图片算不算？有人在你面前自慰算不算？如果你不确定，或者想知道自己是不是受到了性骚扰，那就需要了解性骚扰的概念以及可能会遇到的性骚扰，以此来提高警惕，避免受到困扰和侵害。

联合国《消除对妇女一切形式歧视公约》将性骚扰定义为："一种不受欢迎的与性相关的行为，例如身体接触和接近、以性为借口的评论、以文字或者行为表现出来的与色情和性相关的要求。"

简单地说，如果有人以带有性暗示的语言或者动作对你，你感到被冒犯，那就是被性骚扰了。

从性骚扰的定义中我们可以看出，性骚扰有不同的方式，一般可以分为语言性骚扰、行为性骚扰和环境性骚扰。

语言性骚扰指的是令人尴尬或者不舒服的关于性的言论。比如有人对你讲黄色笑话，或者用污秽语言评论你，甚至赤裸裸地提出性要求。

行为性骚扰指的是令人感到不适的动作。比如有人对你动手动脚，有人摸你的隐私部位，或者对着你暴露自己的隐私部位或做出低俗下流的动作等。

环境性骚扰指的是环境中给人不舒适感觉和性方面的尴尬。比如摆放露骨的图片、播放淫秽的音像制品等。

性骚扰与异性之间交往的表白、求爱或者亲密动作不同，前者是不受欢迎的，后者是建立在感情基础之上的正常行为。最重要的区别是会不会让人觉得不舒服，感觉受到了冒犯。

性骚扰有可能来自同性，也有可能来自异性。

同性之间，有人讲黄色笑话或者传播黄色图片，令你感觉不舒服，这也是一种性骚扰。

性骚扰你的有可能是陌生人，也有可能是认识的人，甚至熟人，比如老师、同学、邻居、亲戚等。性骚扰广泛地存在于校园、家庭、社会、网络中，所以要提高警惕。不管是谁，如果说出、表现出或者做出令你生理或心理不适的语言或动作，那就是性骚扰。

那么，性骚扰别人的都是什么人呢？

有研究指出，性骚扰者对于异性，尤其是对女性有刻板印象，认为女性比男性弱，甚至认为女性是男性的附属品。也就是说对异性有歧视的人，更容易对别人进行性骚扰。当然现实中实施性骚扰的人心理形成原因各不相同，而且可能擅长掩饰，所以我们要时刻保持警惕。

在我们学会辨别性骚扰的同时，我们自己也要尽可能避免成为性骚扰别人的人。我们无意中讲低俗笑话，或者传播黄色图片，或者配合性骚扰者讲低俗笑话，或者对低俗行为视而不见，也是纵容性骚扰。因此以上行为要避免，不要成为性骚扰的参与者和推波助澜者。

遭遇性骚扰可能会给受害者带来生理和心理方面的双重影响。

如果性骚扰受害者反抗，有可能会遭到暴力。即便没有接触性的性骚扰，也有可能使遭遇骚扰的人产生焦虑或抑郁的情绪，甚至表现出贬低自我价值、自责、对异性的交往障碍等。

性骚扰不仅针对女性，许多男性也会受到性骚扰。不仅青少年，儿童和成年人也都可能遭遇性骚扰，任何人都可能是性骚扰的受害者。我们只有了解什么是性骚扰，知道自己在什么情况下是遭遇了性骚扰，才能反抗性骚扰，保障自己的权益。

第三节　勇敢地反抗性骚扰

在上一节当中，我们介绍了什么是性骚扰，大家对于性骚扰已经有了一个基本认识。这一节我们来具体列举一些性骚扰的情形，教大家知道自己在什么情况下是受到了性骚扰，并如何面对性骚扰。

我们来看一些情形。

1. 在公交车上，有异性从后面有意紧贴着你的臀部。

2. 异性老师和你谈话，将手搭在你的肩膀上或摩挲你的胳膊。

3. 亲朋好友聚会时开色情玩笑。

4. 朋友发来一条色情短信或图片。

5. 异性和你讲述他 / 她的性经验，而你并不想听。

6. 有人从你身边经过，故意吹口哨或者模拟接吻的声音。

7. 你穿了件稍微紧身的衣服，有异性一直打量你的胸部。

8. 异性将东西递给你，每次都碰你的手。

以上这些情形都是性骚扰。

如果遇到这样的情形，我们应该如何做呢？

一个原则是：不能忍忍就算了，而是要勇敢反抗。

1. 在公交车上，有异性从后面有意紧贴着你的臀部。——保持距离并大声呵斥，让周围的人都听到。

2. 异性老师和你谈话，将手搭在你的肩膀上或摩挲你的胳膊。——保持距离，躲开肢体接触，尽快离开并将此事告知家长和学校。

3. 亲朋好友聚会时开色情玩笑。——明确表示自己的不悦或不适，让对方知道这是性骚扰，并停止不当行为。

4. 朋友发来一条色情短信或图片。——明确表示自己的不适，让对方知道这是性骚扰，并停止不当行为。

5. 异性和你讲述他/她的性经验，而你并不想听。——明确表示自己的不适，让对方知道这是性骚扰，并停止不当行为。

6. 有人从你身边经过，故意吹口哨或者模拟接吻的声音。——大声呵斥，让对方知道这是性骚扰，并停止不当行为。

7. 你穿了件稍微紧身的衣服，有异性一直打量你的胸部。——大声呵斥，让周围的人都听到。

8. 异性将东西递给你，每次都碰你的手。——保持距离，并告知对方自己的不适，让对方知道这是性骚扰，并停止不当行为。

如果对方在身形和体力上都比你强壮或者所处的位置比较偏僻，对方有进一步的动作，自己如果反抗会引来对方更严重的伤害行为，那么可以暂时忍耐一下，记住对方的体貌特征或者悄悄拍张照片。等回到家中或者到了安全的地方，一定要给家长或老师打电话讲述这件事，视情况决定是否报警，让其接受法律的惩罚。

2005 年修正的《中华人民共和国妇女权益保障法》中，就已明确规定了“禁止对妇女实施性骚扰”。

《中华人民共和国治安管理处罚法》第四十二条第五款规定：多次发送淫秽、侮辱、恐吓或者其他信息，干扰他人正常生活的，处五日以下拘留或者五百元以下罚款；情节较重的，处五日以上十日以下拘留，可以并处五百元以下罚款。

随着我们国家的法律法规越来越完善，相信以后会对性骚扰行为做出更加明确的规定和处罚，让性骚扰者都难逃制裁。

如果遇到性骚扰，不要因为害怕或者诱惑而屈服。

假如一位老师告诉你“如果你让我摸摸你的大腿、胸部、臀部，我就给你评三好学生或者让你的作品得奖”，这是老师用权势和利益对你进行诱惑的性骚扰。如果邻居说“让我亲一下，我就不告诉你家长你‘早恋’的事”，那是邻居带着威胁的性骚扰。

▲ 勇敢反抗性骚扰

面对性骚扰，不要屈服，也不要害怕，一定要义正词严地拒绝，然后告知学校领导或者家长，必要时要报警。就算自己可能有不想让家长知道的事，说出来可能会挨批评，但是那也比成为别人要挟你的把柄要好得多，因为这可能会成为他人一次次逼迫你的手段，你可能会承受意想不到的伤害。

最后要记住，被性骚扰不是你的错。

有一则新闻报道，一位女士穿着吊带超短裙在地铁遭到了“咸猪手”摸她的大腿。结果报道出来后，有人指责这位女士穿着过于清凉，甚至说“穿成这样被骚扰是‘活该’”。这种人是非不分，颠倒黑白，是纵容犯罪的旁观者。

这位女士穿着并没有什么不妥，错的是那个心术不正的性骚扰者。实施骚扰的人自身道德品行存在问题，这位女士是无辜的受害者。

如果是我们遭受了性骚扰，不管别人怎么说，都要相信那是性骚扰者的错，不是自己的错，更不要因此自责或陷入自我怀疑，要勇敢地反击性骚扰者和那些纵容犯罪的旁观者。

第四节 远离危险性较高的场合

你有网友吗？你和同学或朋友去过 KTV 吗？你会喝酒吗？你曾和异性在封闭的场所独处过吗？

如果你的回答是肯定的，那么就要提高警惕，因为很可能性侵害就隐藏在你身边。

我们先来看一组关于性侵害的数据。

2014 年至 2017 年，全国各级人民法院审理的强奸案数量呈逐年增长态势。2017 年审结的强奸案数量几乎为 2014 年的 2 倍。

猥亵、侮辱案数量呈逐年增长态势，2017 年数量为 2014 年的 2.5 倍。

在强奸案中，超过 55% 的被告人表示其为酒后作案。

超过半数强奸案发生在酒店，其次是独处的居所、娱乐场所、户外和交通工具上。

侮辱、猥亵在室内外公共场所、娱乐场所多发，交通工具上也有。

原被告双方超过三分之一为网友关系。其次是陌生人、同学/朋友、男女朋友。

看到这些数据，我们不难得出下面的结论。

第一，强奸、侮辱、猥亵等性侵害犯罪的数量在逐年增长，这说明受到侵害的人一直都有，而且在不断增加。

第二，酒店、娱乐场所、独居居所是性犯罪的高发地，我们也可以称之为危险性高的场合。

第三，实施性侵犯的人，除了陌生人，还有可能是朋友、同学，甚至是情侣。

得出这些结论后，反观我们自身，应该如何做，才能保障性安全，避免受到性侵害？

首先，远离危险性高的场合。

1. 刚才我们提到的危险性高的场合，最危险的便是酒店和娱乐场所（KTV、酒吧、舞厅、游戏厅等）。

酒店的封闭性高，如果和别有用心的人独处，很难呼救和逃脱。

进入娱乐场所，容易被别有用心的人利用机会，比如在酒水饮料中放入违禁药品，使人昏迷或者失去行动力。

▲ 危险性高的场所要格外注意

另外，娱乐场所的危险性还在于饮酒。酒精会麻痹人的神经，降低人的自控力，平时的同学或朋友可能就会在酒精的作用下，失去理智，对身边的人进行性侵害。我们也看到了，在强奸案中高达 55% 的人都是酒后作案，足见酒精的危害。

2. 不坐“黑车”，不和家人以外的人去户外旅行，不和家人之外的异性近距离独处。

我们看到还有户外、交通工具、室内外公共场所等也常有性侵害发生。

户外旅行因为脱离了熟悉的环境和人，又或者是人烟稀少，会给别有用心的人创造性侵犯的机会。正规交通工具虽然也可能有危险性，但是它们的信息透明，车牌、营运证件都非常容易调查，因此会相对比较安全。但是“黑车”就不一样了，“黑车”司机通常没有相关的证件，甚至可能会伪造证件、车牌等，这就使得他们更容易逃过法律的追究，也因此会更大胆地实施性侵犯。

此外，室内外公共场所，比如电影院、公园、车站等，也是危险性较高的地方，不要单独和异性去这些地方。

3. 自己一个人在家，不给陌生异性开门。

独居自家也很危险。假如这时候有送外卖、快递或检查燃气、收电费的人员上门，则假装不在家，通过打电话联系，不要开门。如果有异性邻居敲门借东西或者邀请自己去对方家，则找借口推掉，比如自己要出门买东西或者说自己不知道情况，必要时打电话问家长。

其次，准备一些“防狼”用具。

比如，包中常备“防狼喷雾”、红花油（红花油中含有辣椒油、桂叶油等成分，抹到人的隐私部位会有火辣辣的刺激感）等。不要准备匕首等器具，因为有可能会被对方夺走或者伤害到自己，而且平时也不能带匕首出入学校或公共场合。

最后，对所有的人提高警惕。

在强奸案中，绝大多数实施侵害的都是认识的人，比如同学、朋友、网友，甚至是情侣，其中占比最高的是网友，只有极少数是完全的陌生人。

这就告诉我们，不能因为是熟人就放松警惕，最好的方法就是不和他们独处、不去危险性高的场所，不为性犯罪提供可乘之机。

请记住，最好的预防性侵害的方式就是提高警惕，防患于未然，避免将自己置于危险的境地。不然，再多的事后弥补，也无法改变事实，造成的伤害有可能是终身的遗憾。

第五节　面对性侵，你要如何反抗

所有的意外伤害都是无法预测的，性侵害也是如此。我们期盼每个人都不要遇到这样的情况，永远不要用到这些知识。但是我们必须清楚，如果真的遇到了性侵害，应该如何做才能将伤害降到最低。

性侵，指的是在非意愿情况下的性接触和性行为。强奸、猥亵都属于性侵。

强奸，就是一方用暴力手段强制与另一方进行性交的行为。

猥亵，是除了性交以外的性行为。比如强制搂抱、强制亲吻对方的嘴、脸或其他身体部位等。

强奸和猥亵都是违法行为，《中华人民共和国刑法》《中华人民共和国未成年人保护法》等都有对此类行为的处罚规定。

如果我们遇到了强奸，内心的第一感受肯定是恐慌和害怕，第一反应可能就是叫喊。

但是叫喊有可能会激起实施侵害者的戒心。在恐惧之下，实施侵害者可能会做出伤害我们人身安全的事情。

因此，我们首先要冷静，强迫自己冷静下来，因为在慌乱的状态下，人是无法保持理智思考的。

其次，在脑中快速分析自己所处的环境。

假如是公共场合或者知道自己的朋友在附近，就可以高声呼救，准备实施性侵的人一般见到有人注意，便会出于恐惧而停止性侵。

假如是较封闭的场所（首先不要主动和异性在封闭场所独处），如果是不可避免的，比如被骗去或者是在出租车上，那就要想办法脱身。

这时候，叫喊可能是没有用的，我们要采取心理战术。

据研究，猥亵、侮辱他人最多的是酒后临时起意，可能是因为酒精作用，也可能是因为性冲动等；其次是出于报复或者好奇。所以，实施性侵害的人很大程度上都是临时起意，只有极少的人是早有预谋。

这就告诉我们是有劝解对方停止侵害的可能。我们可以向对方描述这样做的后果，一般人都知道这是违法行为，知道自己必然要承担法律后果。我们可以动之以情，晓之以理，不激怒对方，引导对方考虑一下自己的家人或以后的生活等。如果这时候对方恢复理智，那么我们就可能避免一次侵害。

如果实施侵害的人不听劝解，我们就需要看看周边有没有可以利用的物品，趁机攻击对方。或者直接攻击对方的生殖器官——用手抓住阴茎直接掰，或者用膝盖、手肘猛烈撞击，记住，有多大力，用多大力。然后，在确定对方因为疼痛无法追赶上来时，用最快的速度跑到有人的地方。不要怕伤害对方，你的反抗属于正当防卫，你是受法律保护的。

如果这些努力都不管用，既没有人来救援，实施侵害的人也不听劝解，周边也没有可以利用反抗的东西，那么就只能想办法将侵害降到最低。等脱离了侵害的环境，一定要告诉家人，要向公安机关报案。

记住，最重要的是生命安全，在受到侵害的时候千万不要说一些激怒对方的话，比如“我记住你的样子了”“我要去派出所报案把你抓起来”“你一定会受到惩罚的”。实施性侵害的人刚开始可能只是为了发泄性欲，听到这些话可能会因为害怕被揭发举报而做出更过分的伤害行为，甚至杀人灭口。

愿所有人远离危险场合，愿我们永远也不会有用到这些知识的时候。人身安全最重要，切记切记。

第六节　被侵犯不丢人，要勇敢地站出来

性侵，一个充满痛苦甚至屈辱的字眼。被性侵的人会遭到身体和心理的双重伤害。性侵者触犯了法律，我们应该勇敢地站出来，让不法分子得到应有的惩罚。但是现实却是，对于这样一个伤害巨大的事件，却有很多人选择了独自咽下苦果。

为什么很多人遭遇了性侵却选择了沉默？

究其原因，刻板的贞洁观念与二次伤害是重要的因素。

在我们的传统观念中性是一个羞于启齿的事情。我们没有足够全面和科学的性知识来源。性被遮遮掩掩，被隐藏，公开讨论性问题被视为禁忌，因此我们觉得性就是一件见不得人的事。

再加上中国延续几千年的男权封建社会的影响，女性被要求维护自己的贞洁。如果遭到侵犯，那就“不纯洁”了。

二次伤害，指的是遭受侵犯的被害人需要反复对相关的调查人员、媒体、周围的人去描述自己被侵犯的情景而使心理再次受到伤害。由于心理上的二次伤害，再加上可能要面对人们异样的眼光，因此许多人就选择了沉默。

我们必须明确一点，遭遇性侵的人是受害者，对人实施性侵的就是罪犯。被性侵是受到了伤害，就像被抢劫、被偷了钱包一样，需要报警，需要说出来，需要拿起法律武器来为自己讨回公道。

现在不只女性，男性遭到性侵的案例也屡见不鲜。

新闻曾报道，某地有一位男教师，曾经屡屡借讨论学习为由，骗男学生和他独处，从而进行猥亵，甚至侵犯。在十年的时间内，性侵超过 20 名男学生，这还不包括没有站出来指证的被侵犯者。

男性遭遇性侵，在我们以往的认知中可能比较少见，但其实事实远比我们想象中可怕。因为男性被侵犯容易被忽视，社会对于男性的刻板定位，让遭遇性侵的男性更难以开口说出经历。如果男性被性侵，人们似乎会用猎奇甚至戏谑的态度去看待和讨论。也因此，男性遭到性侵，往往更多的是选择沉默，同时心理压力更大，更难以走出阴影。

我们想想上面的案例，为什么这位男教师能够持续这么长时间，性侵这么多的男生？

关键就在于没有人站出来指证这个衣冠禽兽的所作所为。

一方面，很多受害者是未成年人，对于被性侵这件事感到被冒犯，但是并不明确这是老师在实施犯罪；另一方面，遭遇性侵让他们觉得羞耻，因为男生更多地被灌输的是阳刚、强大的思想，遭遇性侵，简直是奇耻大辱，只想逃离，但愿没有人知道才好；再一方面，就是对方是“老师”的身份，让他们不敢举报老师。

正是自我保护意识的缺失助长了实施侵害者的气焰，导致了实施侵害者根本有恃无恐，继续对更多的人实施侵犯。后来时隔多年，终于有一位当年的学生勇敢站出来，说出了自己被侵犯的事情。网络的曝光形成了一连串的连锁反应，人们才发现原来还有更多的人遭受了一样的侵犯。

所以，如果遭到了性侵，虽然会有心理上的巨大压力和痛苦，也有可能会遭遇周围人不理解的目光，但是我们仍旧要勇敢地说出来。

源自美国的“me too”运动，是一场影响巨大的席卷世界范围的反对性侵的运动。

性侵者都欺软怕硬。长期被性骚扰的人性格上都会偏软弱、胆小怕事，也因此被对方抓住这个弱点从而反复对其进行骚扰。

所以，如果被言语性骚扰，在确定安全的情况下，要毫不犹豫地当面怼回去；如果是接触性性骚扰，同样在确保安全的情况下，直接大声反抗，不用顾及面子。

如果是遭遇了强奸，要尽快报警。虽然这很难，心理上也会承受巨大的压力，但仍要鼓足勇气将自己的经历告诉警察。

反抗不丢人，曝光不丢人，丢人的是实施骚扰的人，错的也是实施性侵的人。

我们要坚定信心，法律在不断健全，人们的观念也在一点点地更新。男性被性侵也逐渐被纳入法律保护范畴，许多反性侵活动的掀起也使人们越来越重视自身的权益，意识到要说出来的人越来越多。相信未来将会是每个人都能勇敢反抗，让性侵者无所遁形、无处躲藏的时代。

第六章

预防艾滋病：快乐的青春期不应该被蒙上阴影

第一节 艾滋病不只存在于新闻里

艾滋病可以称为“绝症”，因为一旦发病，目前无法彻底治愈，也因此成为人人谈之色变的疾病。但是我们不能只对这种疾病抱着恐惧的心理，我们需要了解艾滋病，并且知道如何预防。

艾滋病在医学上的全称为“获得性免疫缺陷综合征”，英文缩写为“AIDS”，是因为人体感染了HIV（人类免疫缺陷病毒）引起的免疫缺陷综合征。艾滋病是一种危害性极大的传染病，且目前无法治愈，因此被称为“20世纪的瘟疫”。

艾滋病是一种全球性的传染病，而且呈现出愈演愈烈的形势。根据联合国艾滋病规划署的数据报告，2019年全球共有3800万HIV感染者，与上年相比，新增170万人感染，有69万人死于艾滋病引发的相关疾病。

根据我国国家卫健委疾病预防控制局发布的数据，截至 2019 年 10 月底，全国报告存活的艾滋病感染者已经超过 95 万人。2019 年全国艾滋病发病人数有 71204 人，死亡人数 20999 人。而且在 2019 年的乙类传染病报告死亡人数中，艾滋病的死亡率位居第一。

2020 年，全国在册的艾滋病病毒感染者已经超过 100 万人（这并不包括未发现和未报告的感染者）。

由此可见，艾滋病的传染人数仍然呈上升趋势，且死亡率在传染病中居首位，是不折不扣的生命“杀手”。

面对如此可怕的“杀手”，我们需要了解这种疾病是如何传播的，并且了解什么样的人群是容易感染艾滋病的高危人群，了解我们离艾滋病究竟有多远。

艾滋病的传播途径一般有血液传播、性接触传播和母婴传播三种。其中，性接触传播是最主要的传播途径。男男同性恋者、性工作者、吸毒者、多个性伙伴者等人群是艾滋病的高危人群和高发人群。

可能会有人说，这些人群离我都很遥远，所以艾滋病离我也很遥远，不需要担心。

事实上并非如此，艾滋病高危人群虽然有更高的感染可能，但是并不意味着普通人不会有感染概率，在中国，艾滋病正在从高危人群向一般人群扩散。

▲ 可怕的艾滋病

中国第一例艾滋病病例发现在 1985 年，短短的 30 多年，中国的艾滋病感染者就超过百万人。在感染者中，除了血液传播和母婴传播，有相当一些人是因不健康的性行为而感染。过早发生性行为、不戴安全套、不固定性伴侣等，都使我们离艾滋病更近一步。

可能与不了解的人发生了一次性行为，可能因为怕麻烦而不用安全套直接发生性行为，也可能因好奇尝试用他人用过的注射器注射毒品，还可能是输了被感染的血……假如对方或所输的血恰好携带 HIV，那你就有可能成为下一个被感染者。

感染了 HIV，身体会发生什么变化？艾滋病是如何侵害身体的呢？

当 HIV 进入人体后，便会对人体的 CD4 + T 淋巴细胞进行攻击，大量破坏该细胞，使人体逐步丧失免疫功能。

免疫功能是人体抵御外界各种疾病的屏障。人体有了免疫功能才能免受生活中无处不在的细菌和病毒的侵袭，而一旦免疫功能丧失，人就会被各种疾病缠身。

HIV 进入人体就会逐渐使人丧失免疫功能，可能出现疱疹、溃烂、肿瘤、呼吸困难、痴呆等，且因迄今为止还没有有效的治疗方法，病人最后只能在各种病痛的折磨中全身衰竭而死。

目前世界上没有一个国家和地区解决了艾滋病的传染问题，治疗艾滋病也还没有特效药。艾滋病是一项世界级的公共卫生难题，也引起了各个国家和地区越来越多的重视。世界卫生组织将每年的 12 月 1 日定为世界艾滋病日，号召世界各国和国际组织在这一天举办相关活动，向公众宣传和普及预防艾滋病的知识。

第二节 不健康性行为与艾滋病

据中国疾控中心研究的2019年的数据，中国15~24岁的青年学生近年来每年报告发现艾滋病病例在3000例上下。

男男性行为是学生群体中的主要传播途径。湖北省疾控中心的数据显示，2019年1~10月报告的学生感染者全部是经性途径传播感染，同性传播、异性传播所占比例分别为91.3%和8.7%。

前面已经提到，艾滋病的传播途径一般有血液传播、性接触传播和母婴传播三种。

1981年这种疾病首次被发现，直到现在，性传播仍是艾滋病最主要的传播途径。

那么，艾滋病是如何通过性传播的呢？主要是通过男男同性性行为、男女异性性行为等方式传播。

如果在发生性行为的过程中黏膜破损，而一方携带有 HIV，那么另一方很有可能就此感染。

其中，男男性行为的 HIV 感染率高于男女性行为。

感染 HIV 后，疾病症状一般分为三个阶段。

感染最开始的 2~4 周出现轻微短暂的症状，类似于感冒，有全身疲劳无力、食欲减退、发热等症状。即使不治疗，症状也会自己消失，被称为“急性感染期”。

第二个阶段是急性感染期后的几年甚至十几年，被称为“无症状期”。HIV 感染者可能没有任何临床症状，也没有不适。一旦发展为艾滋病，症状才会显现出来。

艾滋病的典型症状：持续发热、虚弱、盗汗，持续广泛性全身淋巴结肿大，特别是颈部、腋窝和腹股沟淋巴结肿大更明显。另外，艾滋病患者一般消瘦明显，体重快速下降，这被称为“终末期”。

在艾滋病发病初期，一般的症状表现和普通感冒、流感差不多，随着病情的加重，症状会越来越多，也越来越严重。比如出现单纯疱疹、带状疱疹、紫斑、血疱、瘀血斑等；之后会出现原因不明的持续性发热，可长达 3~4 个月；还可能出现咳嗽、气促、呼吸困难、持续性腹泻、便血、肝脾肿大、并发恶性肿瘤等。

病毒侵犯肺部时常出现呼吸困难、胸痛、咳嗽等，侵犯胃肠可引起持续性腹泻、腹痛、消瘦无力等，还可侵犯神经系统和心血管系统。艾滋病的临床症状复杂多变，每个患者会有多种不同症状出现。

艾滋病的无症状期，会让人忽视这种致命疾病。等到症状明显时，往往已经进入较为严重的阶段了。

不安全的性行为不仅易使人感染艾滋病，还会传播多种其他疾病，比如女性容易得的各种妇科疾病（阴道炎、支原体感染等）、男性的尿路感染等，以及一些其他疾病，如乙肝、丙肝、梅毒、变形虫（阿米巴）感染、衣原体感染、尖锐湿疣等。

感染了其他性传播疾病的人群，再感染艾滋病的风险会成倍提高。

艾滋病是一种无法治愈的疾病，一旦感染 HIV，将终生与艾滋病相伴。预防艾滋病最重要的方式就是切断 HIV 传播途径。

如何切断呢？性行为是人类一种正常的生理行为，不可能阻止这种行为的发生，但是可以避免不健康性行为的发生。

▲ 远离不良嗜好

身为青少年的我们要远离艾滋病及各种性传播疾病的魔爪，要尽量避免发生性行为尤其是不健康性行为；如果实在不能避免而发生性行为时，一定要有安全措施。

第三节 如何预防艾滋病

艾滋病危害性大，死亡率高，严重危害人们的身心健康。青少年正处在美好的青春年华，如果因为一些高危行为而不幸感染了艾滋病，那无疑会给整个人生蒙上阴影。因此，我们必须知道一些艾滋病的预防方法，用来保护我们自身免受病毒的侵害。

在全世界范围内，至今还没有可以用于预防艾滋病的有效疫苗。因此，对于预防艾滋病来说，最好的也是最重要的方法，就是切断艾滋病的传染途径。

艾滋病通常是通过血液、性接触和母婴传播的，因此我们需要相对应地采取措施来预防艾滋病，最主要的方式便是避免高危行为和接触高危人群。

一、避免因性接触传播而感染

因为性接触传播是艾滋病传播的主要途径，因此避免不安全的性行为就显得尤其重要。

首先，青少年应避免发生性行为，更要避免不安全的性行为。

与患有或者疑似患有艾滋病的人发生性行为是传播艾滋病的高危行为，一定要坚决避免。

其次，不管何种情况，只要发生性行为，一定要使用安全套。

我们无法确定对方是否携带 HIV，因此只要发生性行为，一定要使用安全套。使用安全套不仅可以避免怀孕，同时也是预防艾滋病和其他性病最有效的措施。

但是安全套并不能百分之百地隔绝病毒，在性行为中可能会发生一些意外，造成安全套不再安全。所以，最好的办法还是避免发生性行为。

最后，了解艾滋病高危人群。

艾滋病的高危人群有男男同性性行为者、性工作者、患有其他性传播疾病的人群等。对于高危人群，我们要坚决避免与其发生性行为。

二、避免因血液传播而感染

共用针具也是艾滋病传播的重要途径之一。

什么情况下会发生共用针具的情况呢?

答案是注射毒品。

在吸毒人员中常发生多人多次使用未经消毒或者消毒不彻底的注射器的现象。如果注射器被 HIV 污染，那么就很有可能将病毒传染给接下来使用的人。

因此，要坚决拒绝吸毒这一高危行为，远离毒品，并拒绝和这一高危人群接触。

除了和他人共用注射针头，还有其他的血液传播途径。比如共用剃须刀、文身、打耳洞、美容、接受不正规的注射、输血、血液透析、非法采血等，都有可能通过血液接触传播病毒。

因此，我们需要避免输用未经 HIV 抗体检测的血液或者血液制品，不文身，不去非法机构卖血等，尽可能地避免通过血液接触到 HIV。

艾滋病虽然猛如虎，但是对于艾滋病感染者，我们却不应该以有色眼光看待。许多艾滋病感染者都是受害者。他们可能是受到性伴侣或者非法采血机构隐瞒、坑骗，而不幸感染上艾滋病，却要终身忍受病痛的折磨，同时还要遭受他人异样的眼光或者歧视，身心都受到巨大伤害。

我们要正确认识艾滋病的传播途径，要知道正常的接触是不会感染艾滋病的，比如与艾滋病感染者握手、拥抱、交谈、共同用餐、共用浴室等，都不会感染艾滋病。另外，遭受蚊虫叮咬也不会感染艾滋病。

如果有疑似高危行为或者出现疑似艾滋病的症状应该怎么办？千万不要慌张，一定要第一时间去正规医院接受检查。几乎所有的感染者被感染 12 周后可检出抗体。如果检查结果呈阳性，确定感染了 HIV，那么越早接受治疗，就越有可能取得好的效果。如果有疑似高危的性行为发生，也不要擅自购买和服用艾滋病阻断药物，一定要经过正规检查，由医生指导治疗。